Siete Capas

¡Fácil, muy fácil!

¡Cesa ya! tú autoengaño

Interesante e Inusual Sistema de Sanación,
eficiente, amoroso, tan fácil de aprender
Madre María, Jesús el Cristo, Sanat Kumara,
El Morya, Saint Germain

Título: Siete Capas
Sub título: Fácil, muy fácil, cesa ya tu autoengaño
Versión eBook 27/01/2024
Imagen de la portada: 7 Capas, Merylena Vidal Duque

Disponible en formato eBook, eBook personalizado y autografiado, e impresión por pedido.

Siete Capas son...
Siete Capas de Sanación,
Siete formas de Amor,
Siete pasos de Transmisión.
Regalo del Creador,
cada una en su Color,
todas en Resplandor,
en Bienestar de la Creación,
Multicolor Bendición...

Madre María
tonada de las Siete Capas

Padre/Madre eterno,
tu capacidad de sorprender
a tus hijos con tus regalos,
es tan Ilimitada como Tú mismo.
(El Gran Resplandeciente)
Domingo A. Montes G.

Tabla de contenido

Próximamente...
Información de contacto

Dedicatoria

Dedicado a todos los practicantes e interesados en Siete Capas, lo cual no es diferente a dedicarlo a sus Regentes[1], y por tanto al Cosmos indescriptible.

Dedicado a todo aquel que lea estas páginas, y a quien escuche hablar sobre ellas.

Dedicado a quienes aspiran a cesar el auto-engaño.

Dedicado a mis Maestros, Guías, Preceptores y Padrinos en el camino de la Luz Eterna.

Dedicado a mi esposa Yineida, que vio lo que yo vi, y a Jesús Alberto.

Dedicado a los futuros Transmisores de Siete Capas.

Dedicado a todos los que sufren, en este mundo recalcitrante.

¡Que las Siete Capas se extiendan sobre todo el Planeta!

Dedication

Recapitulación preambular

Cuando era niño, aun inocente de las vastas cosas de la vida, cursante de kínder y viviendo en la UD3 de la parroquia popular de Caricuao, en Caracas. En aquellos días, de vez en cuando me gustaba ver fijamente al sol, el astro rey, sumido en una especie de trance que me conectaba con una fuente allende mi entendimiento. En esa época era posible hacerlo sin consecuencias para la salud visual, no había peligro, no había miedo, solo una fascinación absoluta por esa dinámica esfera de luz en el firmamento; en el siglo XXI ya no es así, de todas formas recuerdo la voz de algún adulto cargada de advertencias que me decía que no lo hiciera porque *eso es malo*. Pero yo me entregaba a aquel acto, como si mi alma supiera *algo*.

Con el paso de los años, el destino me llevó a leer sobre el *sungazing*, que tuvo su lapso de moda, hizo que recordara con fuerza, aquellas espontaneas observaciones que no eran nunca al mediodía. ¿Era acaso el sol mismo quien me había llamado, o simplemente era una búsqueda ancestral de la conexión con algo inmensamente más grande? Recuerdo aquel lugar: siempre lo hacía en la parte de abajo del edificio, y nunca desde la ventana del piso 14, quizá porque los adultos no me permitían hacerlo.

Una vez otro niño curioso se me acercó y me preguntó que hacía, le respondí, con la certeza propia de los desconocedores del por qué: ¡Me lleno de energía solar! Recuerdo que, pasados varios segundos, aconteció algo quizá místico: el sol se transformó, durante un tiempo corto pero al mismo tiempo casi eterno, lo veía girar en sentido contrario al reloj, el color amarillo cedía a una especie de licuadora de múltiples colores en rapidísima sucesión como un espiral revuelto, era como si surgieran de alguna forma del centro y se desplazaran girando hasta el borde, como un caleidoscopio orientado y viviente, todos los colores estaban a un tiempo sobre el sol, simultáneamente su desplazamiento asemejaba bastante las ondas que se forman en los estanques o cuando golpeamos una cama de agua, solo que a velocidad vertiginosa y más intensas; ¿y cómo iba el sol a ser de agua?

Quizás, al mirar al sol de esa manera, tocaba algo que pertenecía a otras dimensiones, algo más allá de la comprensión inmediata, pero que estaba al alcance de los ojos de un niño.

Esta fragmento de mi historia, sin transcendencia aparente más allá del fenómeno en sí, o al menos eso creía, impactaría mi concepto al respecto, no solo de dicho fenómeno, si no mi concepto de lo que es realmente un hito, al recibir de los Maestros Regentes el sagrado método –guardado en secreto por largos siglos- de transmisión de las Siete Capas, y es que ninguna parte de nuestra historia, carece de transcendencia, es uno mismo quien se la otorga, quita o ignora.

Las enseñanzas de los Maestros no solo me revelaron el método, sino que me mostraron algo aún más profundo: que lo que ocurre en nuestra vida no es fruto del azar, sino que cada evento y experiencia, está signada por el Divino Plan. No es el juicio humano el que marca la importancia de un suceso, sino la conexión espiritual que reside en él. Casi todo, incluso lo más trivial, puede convertirse en un hito si es visto desde la perspectiva correcta, pues son los designios divinos los que guían cada paso, no nuestra limitada visión y criterio terrenales. Aun el instante de apariencia más nimia, cuando es comprendido a fondo, tienen el poder de alterar nuestra realidad y guiar nuestro camino hacia lo superior.

Hace muchos años, al final de una de mis experiencias oníricas, con algún grado de conciencia rozando los planos del espíritu, un ser de luz, a quien identificaría años después como el Maestro Ascendido Saint Germain, me reveló un libro blanco con letras de oro esplendente, en un lenguaje y alfabeto completamente desconocido para mi. Solo se que es horizontal, como estas líneas, pero ignoro aun hoy su sentido o si es *bustrofedon*, la famosa escritura de serpiente; leí sus páginas, y al despertar seguía sin la menor idea de su contenido[2].

Casi dos décadas después, durante el primer *pase* de Siete Capas, al final del trabajo, esa misma imagen, ese mismo libro, apareció ante mí, pero esta vez estando yo en estado consciente y despierto; reconocí y recordé aquella ocasión onírica, y el Maestro Saint Germain se río de buena gana, con una risa llena de sabiduría y benevolencia. Fue en ese instante que comprendí que Siete Capas había sido develado de entre aquellas páginas, y aun había más, aquella revelación era solo el principio de un proceso mayor y no pude sino sonreír, el camino hacia cosas insondables apenas comenzaba a desplegarse ante mí.

La primera vez que escuché el término *Capa*, en un sentido diferente al terrenal o el de suplementos como Fantomas, o las caricaturas como Batfill, fue dentro del espiritismo, como una división dentro de la corte de los Juanes. En el contexto criollo Juanes se asimila a "Fulano", de forma similar a como decimos "Pedro Pérez"; De tal manera que en "Don Juan del llano", Juan no es un nombre, como sí lo es en "San Juan Bautista"; sin embargo nunca las trabajé, las mismas son enteramente astrales, y se trabajan diferente a las Siete Capas.

En el contexto espiritista también formaban parte de la parafernalia usual para las *materias* o médiums, a las que bajaban ciertos espíritus cuyos atributos incluían capas. De tal manera que al *encajonar* toda la unidad, el *banco* -asistente de una materia-, le ponía la capa, por lo general de raso. Fui banco porque entendía lo que querían decir los espíritus en sus diferentes idiomas, o don de entender lenguas, es la primera facultad que recuerdo, cursaba entre el quinto o sexto grado de primaria, nadie me la enseñó ni realicé ejercicio alguno a tal fin, simplemente un día nadie en la caravana entendía Asiáticos e Indígenas y yo sí, empecé a traducir para todos y así me quedé de banco.

Igualmente, es usual pedir el Manto al invocar la protección de muchas Vírgenes. Dentro de la cristiandad, las Vírgenes son una categoría de seres espirituales exclusivamente femeninos, en el Buddha Dharma también existen categorías de seres divinos, de naturaleza exclusivamente femenina: Las Dakinis y las Tharas. Esta invocación asume no solo el hacerlo en forma de oración, sino físicamente tocándolo y cubriéndose realmente con un Manto, incluso solo su "sombra", entendida como mucho más que la proyección de luz y sombra producida por un objeto físico. Pueden citarse innumerables casos a lo largo de la historia en todo el planeta, como el de la Virgen del Carmen en Anguía y en Toluca, son solo algunos ejemplos de cómo esta protección es solicitada, y cómo la presencia de estos seres divinos se manifiesta a través de la proyección de su manto.

Sagrada y venerada Virgen María, Madre del Padre Eterno, Madre de nosotros también, pura y celestial, consagrada y siempre fiel al Redentor. Tu amor es infinito y tu humildad es eterna, tu misericordia y tu andar son la prueba más grande de tu fe.

María de Nazaret, tú nos cautivas y haces más grande nuestra fe. Nos adoptaste como hijos, nos acoges bajo tu manto, Nos defiendes y nos proteges, no permitas que la maldad se nos acerque, Intercedes por nosotros ante Dios, Y con la más firme convicción, ruegas y pides por nosotros.

¡Oh Madre y salvadora nuestra!, Quien aceptó llevar a Jesús nuestro maestro dentro de su vientre, quien sufrió al ver en una cruz al Altísimo, quien con fervorosa oración y en constante alabanza, Vive y permanece en el Reino de los Cielos, Y desde allí nos acompaña

Madre mía y del mundo entero, hoy veneramos tu nombre santo, hoy te agradecemos por tu ayuda incondicional, por ser corredentora del mundo, por ser la más fiel y entregada mujer, ejemplo para todas acá en la tierra pura y casta sin igual. Te pido que me sumerjas en tu miel angelical que me tomes en tus manos, Que tu manto me proteja, y que me goce de tu presencia.

Amén.

—-oOo—-

Amada Madre, Virgen María, reina poderosa, tú que siempre estás atenta a nuestras pequeñas y pobres almas, ¡escúchanos!

¡Oh Virgen poderosa, que con tu pie aplastas la cabeza de la serpiente tentadora!, haz que cumpla, día tras día, la promesa bautismal, con la que he renunciado a Satanás, a sus obras y seducciones, y sepa dar al mundo un gozoso testimonio de esperanza cristiana.

Te pido madre buena, que con el poder que Dios te ha dado, me acompañes al caminar, y no me dejes solo nunca, así el mal nunca tocará mi alma, porque no puede acercarse a ti.

Poderosa Madre, Reina del Cielo y de la Tierra, me postro ante tus pies, cúbreme con tu bendito manto, bendíceme y lléname de gracia para parecerme más a ti; fortalece mi fe para que yo pueda decir sí a la voluntad de Dios, como tú lo hiciste y a la hora de la muerte llévame al gozo eterno del paraíso.

Amén.

—-oOo—-

Esto que menciono aquí resalta que, el término "manto" ya existía dentro de las corrientes espirituales en Venezuela y el mundo entero, desde varias generaciones previas y de hecho se remonta al mismo génesis de la humanidad.

Posteriormente en mis largas andanzas exploratorias, metafísicas y gnósticas, el término aparecería de nuevo como parte de invocaciones, decretos y atributos de varios Maestros Ascendidos y Arcángeles, en ocasiones se solicitaban o invocaban y en otras se construían. ¡Ah! y desde luego que leí "El manto amarillo" de Lobsang Rampa, siendo un niño ávido de todo texto que se interpusiera en mi camino, y entre más extraño, mejor.

Recuerdo, de mis años universitarios el relato de la mamá de una antigua novia, contaba lo que percibió luego de una *apertura espiritual*, veía como grandes trozos, que asemejaban *cobijas o alfombras*, descendían desde el sol sobre diferentes partes de la ciudad e incluso sobre los vehículos, pegándoseles, eran de colores diversos y le causaban la impresión que, por su densidad aparente, como objetos físicos podían aplastar algo o alguien, por lo que tuvo que requerir de un *cierre*.

Años más tarde, en el 2009, durante un encuentro de sanadores en Gochilandia [3], población de Michelena, ocurrió un hecho singular, un hito histórico al que los presentes, estábamos llamados a ser partícipes, la Madre María en su infinita gracia, aplicó y otorgó el Manto [4] Azul, a quienes allí estábamos para su uso a requerimiento. Un regalo de protección y poder que aún resuena como un eco espiritual ingastable en mi memoria.

Es necesario el respeto al Mensajero[5], antes que no llegue el Maestro... pues el mensajero puede hablar con el Maestro, mientras que los estudiantes, no tienen aún ese nivel y esa confianza, con la Luz y el Manto del Maestro.

Un Mensajero recibe varios Mantos de parte de sus mentores.

Puedo decir que en una ocasión, pude casi ver, y sentir, al Maestro Saint Germain que me entregaba una Capa Violeta, como la suya, y me abrigaba. Como se hace en Tíbet o en India.

El me entregó esa Capa, después de un entendimiento y un gran paso (...). Como reconocimiento de mi deseo por mi cura permanente, actualmente realizada, pues llevo años sin tomar algún medicamento... el Chohan del Séptimo Rayo, mi Mentor y Regente de la Era de Acuario, me entregó un Manto [6] Violeta.

Todos los mensajeros, como Elizabeth Clare Profet [7], se han beneficiado de estos mantos, y es allí donde se mide la Jerarquía, o el nivel del Mensajero o Chela Avanzado.

Giovanni A. Orlando,

el secreto de los Andes

En otra Experiencia Onírica, caminaba por una calle en la profundidad de la noche, cuando comenzó a caer una lluvia de ¡caramelos y bombones!, aquellos dulces permanecían solo algunos instantes sobre la superficie antes de ser absorbidos por la tierra, así que corrí con rapidez agarrando todo lo que podía, intentando atesorar aquella lluvia de maravillas que sabía breve; cuando finalizó la lluvia, alce la mirada hacia el cielo nocturno, y las estrellas, lejos de permanecer en sus puestos fijos, tenían movimiento, me comunique mentalmente con ellas, dijeron con nitidez que se había abierto un portal en el que cualquier cosa positiva que se deseara, se cumpliría, y que si quería algo, lo pidiera en ese mismo instante.

Con determinación, pedí sanar de la vesícula, en la cual me aquejaba una piedra o cálculo que, debido a su tamaño ameritaba de operación. En ese momento, una pluma blanca cayó hacia mi mano izquierda acompañada de las palabras: "Esta es tu sanación", y acto seguido un gran plumero multicolor tan pesado que cayó al piso, y de allí lo recogí, acompañado de las palabras "Esta es la sanación para los demás". Los colores de dicho plumero, eran los colores de las Siete Capas, cosa que en aquel momento no sabía, pero los reconocería retrospectivamente. Fue un momento de revelación profunda, donde lo divino se manifestó sin embargues, dejando marcas imborrables en mi espíritu y propósito.

En el ínterin de aquel tiempo a esta parte, eventualmente llegaba a mi mente la expresión *Siete Capas*, así como de pasada fugaz, en el 2016 se manifestó con mayor intensidad, como una suerte de llamado ineludible, y particularmente cuando desde la ventana de la sala, mi esposa Yineida y yo tuvimos la insólita oportunidad de una visión desafiante e insólita: ¡el nacimiento del Arcoíris! Surgía majestuosamente desde el estacionamiento de la farmacia de abajo, como si la tierra misma lo ofreciera al cielo; allí estaba frente a nuestros ojos terrenales, algo que siempre había tenido y leído como imposible de capturar por la vista humana. Tomé un par de fotos con la idea de compartirlas, pero no reflejaron el magnificente fenómeno, quería el Cosmos que compartiera algo más que una imagen, sino algo más profundo para la humanidad entera.

Aquel instante me enseñó que lo aparentemente imposible puede desplegarse ante nosotros cuando menos lo esperamos, marcando un antes y un después en nuestra percepción de la realidad divina.

En breve, me fue revelado el sistema en sus aspectos generales. En aquel entonces, pensaba que se trabajaban los 7 colores del arco iris, relativos a los 7 rayos clásicos [8].

A inicios del 2017 durante una práctica espiritual individual, el Maestro Ascendido Saint Germain y mi Preceptor, el Gran Maestro Jesús el Cristo, se manifestaron en nítida presencia, cada uno me colocó una lámpara en cada mano en actitud supina [9]. Hablaron algo hacia mí y entre ellos, que no alcance a oír, pero comprendí en mi corazón que era Luz para repartir a todos aquellos que estuvieran dispuestos a recibirla.

Representación artística de Siete Capas
Merylena Vidal. Venezuela

Finalmente, en otra ocasión, me resonó con fuerza en la mente *Sanat Kumara*[10], este es un Gurúdeva (Sans: Maestro Divino) o Entidad Cósmica de suprema sabiduría. Al dirigir mi atención a este nombre [11], la triple presencia de Sanat Kumara, la Madre María y el Gran Maestro Jesús el Cristo, se hicieron presentes y me mostraron los detalles del Sistema en toda su magnificencia inicial, recibí las Siete Capas, o más bien seis y la reafirmación de la Azul que fue otorgada en Táchira, y en ese momento me percaté que solo algunos colores correspondían al arcoíris; el resto vibraban en otras frecuencias de las 64 llamas de nuestro Sol [12]; abriendo nuevos horizontes de comprensión de lo cósmico. También se me mostró la forma de *Pasarla*, pero *una* Capa por vez.

Aquel encuentro dejó en mi alma la certeza de que las Siete Capas no solo son un regalo divino, sino un compromiso y responsabilidad sagrados.

Se me indicó que muchas almas se sentirían irresistiblemente atraídas por el mismo, como si una fuerza invisible pero poderosa las llamara desde las profundidades de su ser, pues era para ellos, debía ser liberado a todo aquel, y así ha sido, la mayoría de los actuales sanadores de Siete Capas, se sintieron súbitamente impelidos hacia el sistema, apenas conocer su existencia.

No escondas los secretos que el cielo te ha revelado: Di la verdad a los hombres.

Simón Bolívar, delirio sobre el Chimborazo

Además se me resaltó su principal característica:

Fácil, muy Fácil.

Solo baste, antes de proseguir con el resto del texto, la siguiente cita:

¡Oh! Maestro. Enmienda con tu perfección la imperfección de tu siervo, para que ningún ferviente investigador de la Verdad, se extravíe por el error en que tu siervo incurra.

Bhagavan Das

Las Capas en pretérito

La capa, como símbolo y otorgadora de ciertas facultades, ya quedaba registrada en textos ancestrales como el Viejo Testamento y otros relatos de la antigüedad. Un ejemplo emblemático lo encontramos en la historia del profeta Elías, quien al ascender al cielo, dejó su manto a Eliseo, confiriéndole así su poder y responsabilidad profética. Este acto no solo marcó una transferencia de autoridad divina, sino que simbolizó la continuidad de una misión sagrada. La capa, el manto y en ocasiones el velo son más que piezas de vestimenta: son canales de poder espiritual, marcas de favor celestial o instrumentos de protección y guía divina:

Elías tomó su manto y, enrollándolo, golpeó el agua. El río se partió en dos, de modo que ambos lo cruzaron en seco.

Reyes II

También sacudí los pliegues de mi manto y dije: Así sacuda Dios de su casa y de sus bienes a todo hombre que no cumpla esta promesa; así sea sacudido y despojado.

Nehemías 5:13

En gran manera me gozaré en el SEÑOR, mi alma se regocijará en mi Dios; porque Él me ha vestido de ropas de salvación, me ha envuelto en manto de justicia como el novio se engalana con una corona, como la novia se adorna con sus joyas.

Isaías 61:10

Entonces él dijo: ¿Quién eres? Y ella respondió: Yo soy Rut tu sierva; extiende el borde de tu capa sobre tu sierva, porque redentor eres.

Rut 3:09

Y, cuando tenía seis años, su madre le dio un cántaro y lo mandó a buscar agua a la fuente para traerla a la casa. Pero, en medio de la multitud, el cántaro chocó y se rompió. Entonces Jesús, extendiendo el manto que lo cubría, lo llenó de agua y lo llevó a su madre. Y su madre, viendo el milagro que acababa de hacer, lo abrazó, y guardó en su corazón los misterios que veía cumplir.

Tomas 21

Me vestía de justicia, y ella me cubría como manto y diadema era mi justicia.

Job 29:14

Cubriéndote de luz como con un manto, extendiendo los cielos como una cortina.

Salmos 104:2

Un manto púrpura de piel de carnero, cubría el frío asiento; Zeus lo usaba para provocar lluvias mágicamente en épocas de sequía.

Robert graves, Dioses y Héroes

Y se fue el mensajero, y habiendo visto a Jesús, a quien conocía muy bien, tendió su manto ante él y se echó a sus pies, diciéndole: "Señor, entra caminando sobre este manto, porque el gobernador te llama"

El evangelio de Nicodemo

En las citas anteriormente mencionadas, no solo se describen varios de sus atributos, sino que se indican claramente *varias técnicas de aplicación*. Estas enseñanzas, como todo en las cosas espirituales, están allí para quien pueda y sobre todo, **quiera** genuinamente verlas [13]. El entendimiento de estas prácticas no radica en una comprensión puramente intelectual, sino en una apertura del corazón y la conciencia hacia las verdades que, aunque veladas para muchos, resplandecen con claridad para los que buscan con fe y humildad. Como un tesoro oculto, las claves están presentes, esperando ser desveladas por quien esté preparado para recibirlas. Las verdades más profundas del universo no requieren de hermetismo, están ocultas a la vista de todos.

Jonatán se quitó el manto que llevaba puesto y se lo dio a David con sus ropas militares.

Samuel 18:4

Y tomando el manto de Elías que se le había caído, golpeó las aguas, y dijo: "¿Dónde está el SEÑOR, el Dios de Elías?" Y cuando él golpeó también las aguas, éstas se dividieron a uno y a otro lado, y Eliseo pasó.

Reyes II 2:14

En la segunda cita, se indica con claridad el uso del verbo explicito para la aplicación, destacando su uso consciente y deliberado. En la primera la Capa, junto con sus cualidades, pasó de una persona a otra, de Elías a Eliseo, y de Jonatán a David en otro momento. La Capa es por tanto un atributo transferible, transferencia que en los tiempos actuales, asume la forma de *el pase*.

Mediante este pase, se perpetúa el legado de lo divino y se pone al alcance de quienes caminan el sendero que diluye el auto-engaño por medio de la Gracia Divina.

¿Capa?, ¿qué es una Capa?

Una Capa es, hablando simplificadamente, una estructura energética, perteneciente al vasto dominio de las Funciones [14] del Fuego Cósmico, es así mismo, un atributo espiritual que otorga un carácter distintivo a su portador, y actúa como una poderosa herramienta de sanación propia y ajena.

Generar una Capa por sí mismo, exige un compromiso exigente: requiere meses e incluso años de fuerte disciplina diaria y una concentración impecable. Sin embargo, en su inconmensurable Compasión[15] por la Humanidad, los Regentes[16] han generado este diseño, sublime y fácil, que permite la transmisión en tan solo minutos, de una Capa totalmente funcional y fácil de aplicar, y esto ¡multiplicado por 7!. Lo que costaba años, ahora son minutos, a tal grado se desparrama la Gracia Divina en estos tiempos sin precedentes, es una verdadera lástima que muchos no lo valoren en su justa medida.

Ante el ojo clarividente, las capas se manifiestan sobre los hombros o incluso la cabeza, extendiéndose hacia abajo más allá de los pies, atravesando el suelo sin arrastrarse. Estas Capas van desde la más sencilla, hasta muy elaboradas con caperuzas, sellos, broches, orlas, y otros atributos divinos, algunas con hologramas cosmogónicos, como en la Capa de La Virgen de Guadalupe. Algunas son gruesas y otras casi vaporosas, como una especie de niebla eterea. Pero todas son Capas. Estas Capas pertenecen al ámbito del Plano Mental Superior de la Quinta dimensión, donde lo divino y lo humano se entrelazan.

Debe de notarse que tomada como indumentaria, la Capa [17] fue y es la prenda de más sencilla confección y uso que el hombre haya conocido. Desde tiempos remotos, su diseño básico y su funcionalidad han trascendido épocas y culturas, otorgándole una relevancia simbólica y práctica que persiste hasta nuestros días:

Entonces los soldados, cuando crucificaron a Jesús, tomaron sus vestidos e hicieron cuatro partes, una parte para cada soldado. Y tomaron también la túnica; y la túnica era sin costura, tejida en una sola pieza.

Juan 19:23

En términos generales se llama Capa, a un cobertor que protege, cubre, o tapa a alguien o algo. En la Aplicación de las técnicas, notarás que esta definición resulta totalmente acertada, tanto física como espiritualmente. Recorramos brevemente, las diferentes definiciones en varios capítulos del conocimiento humano, ya que todas giran en torno a un concepto central -resaltado en **negrillas**-, que se corresponde con los principios fundamentales de las Siete Técnicas:

1. *INDUMENTARIA Y MODA:* Prenda de vestir larga, suelta, sin mangas y abierta por delante que **cubre** desde el cuello, e incluso la cabeza, ensanchándose gradualmente hacia la parte inferior.

Especie de mantilla o velo negro, que se lleva **en señal** de luto.

2. Materia que se extiende sobre otras **cubriéndola**.
3. **Cubierta** con que se **protege** o **preserva de daño** una cosa.
4. Hoja de tabaco que **envuelve** la tripa formando el cigarro puro.
5. **Color** de los caballos y otros animales.
6. **Plumaje** del lomo de las aves.
7. Pretexto con que se **encubre** un designio.

8. Extensión **uniforme** de una sustancia que **cubre** alguna cosa o superficie.

9. Cosa que **encubre y oculta** otra. Capa simbólica que **oculta** algo.

10. Sustancia que se **sobrepone** a algo.

11. *GEOLOGÍA:* Unidad sedimentaria comprendida entre dos superficies, que permite **delimitar** esta unidad de los materiales próximos.

Parte del globo terrestre situada **entre** la corteza y el núcleo.

12. *HERÁLDICA:* **División** del escudo abierto en pabellón desde la mitad del jefe hasta los flancos.

13. *RELIGIÓN:* Capa que se pone **sobre** las imágenes de la Virgen.

14. *RELIGIÓN:* Capa que llevan algunos religiosos **sobre** la túnica.

15. *ZOOLOGÍA:* Grasa del mesenterio que **envuelve** las vísceras de los animales.

16. *ZOOLOGÍA:* Repliegue cutáneo que **envuelve** el cuerpo de los gusanos, braquiópodos y moluscos.

17. *FISIOLOGÍA:* Mezcla de sudor y grasa que **envuelve** la superficie cutánea, **protegiéndola** de las infecciones.

18. *COLOQUIAL:* **Hacer alguien de su capa un saco.** Hacer en sus asuntos lo que quiera aunque no parezca razonable.

19. *LOCUCION FIG.:* **Estar, o ponerse, a la capa.** Disponer las velas de la embarcación de modo que ande poco o nada; **guardar reserva, esperando una ocasión favorable para algún fin**.

20. *FIGURADO. Y FAM.:* **Capa rota.** Persona enviada con **disimulo** para **resolver** algún asunto importante.

21. *COLOQUIAL:* **Defender a capa y espada. Defender** con gran empeño, con mucha convicción, utilizando todos sus recursos.

22. *MINERIA:* **Ensanchar** una galería.

En ocasiones aparece como su opuesto indicador:

23. Persona que ayuda a que un delito o un delincuente **no sean descubiertos** [18].

24. **Andar o estar alguien de capa caída** *COLOQUIAL:* Padecer decadencia en sus bienes, fortuna o salud [19].

25. Encapillarse: Ingerir licor a escondidas.

Dejaré como ejercicio al lector, el encontrar lo resaltado mientras Aplicas las Capas.

Además de las habituales, existen aún otras acepciones, no reflejadas en los diccionarios, vinculadas a la función del Manto como elemento distintivo o de investidura, de califas, bikkhus/bikkunis (monje/monja buddhista), dioses, iniciados sufíes, miembros de una orden, eclesiásticos, sadhus, yoguis, e incluso hadas, entre otros; en el viejo continente se le consideraba como *parte de la persona*, un emblema de *rango, autoridad y mando*. Para las mujeres, señal de recato y firmeza de principios -purísimo manto de la Virgen María-. Asimismo indicaba el favor de los soberanos y que la Providencia favorecía a su portador. También se utilizó como mortaja cargada de simbolismo.

Es un elemento que junto con su aparición trae importantes beneficios, incluso en la Edad Media tenía implicaciones jurídicas: por ejemplo, un niño nacido fuera del matrimonio, si era cubierto por el manto significaba que era adoptado, o un condenado a muerte, si era cubierto significaba que era agraciado con la vida.

En el ámbito de la nobleza, la investidura de un nuevo caballero, incluía la ceremonia de Librea, en la cual le era otorgado un manto. Este acto no solo le confería estatus, sino que representaba la aceptación del caballero en un orden superior, sellando su pertenencia a un grupo de iguales, tanto en términos de deber como de honor.

Poseidón en una carroza de hipocampus, mosaico, museo de Sousse, Tunez[1]

Igualmente es un indicador del estado emocional [20], ejemplo: Manto de luto.

1. *https://en.m.wikipedia.org/wiki/File:Sousse_neptune.jpg*

Dentro del simbolismo vestimentario, el manto es de un lado señal de dignidad superior, de otro, establecimiento de un velo de separación entre la persona y el mundo. El Manto de Apolonio, expresa la posesión completa de sí mismo, que aísla al sabio de las corrientes instintivas de la generalidad. La posición del manto tiene gran importancia para el sentido simbólico secundario (...). La tela, adornos, color y forma del manto matizan el significado de este. El dualismo de color entre la tela externa del manto y el de su forro corresponde siempre, a un simbolismo dual dimanado directamente de la significación de los colores.

Juan Eduardo Cirlot,

Diccionario de Símbolos

El gesto que hace Ariadna con su Himation extendido es muy interesante porque es una alusión directa al encuentro sexual inminente. La importancia del manto en las uniones sexuales se puede constatar en las escenas de una pareja que comparten un manto mientras hacen el amor, (...). El manto habla pues de la vida conyugal como el lugar idóneo para la unión sexual lejos de las miradas ajenas, y posibilita por tanto una cierta "segregación espacial". Esta necesaria privacidad se vincula con la costumbre de que el tálamo poseyese una especie de baldaquino o pastos (...) que asegurase la intimidad de la primera noche de los esposos.

La unión de los amantes bajo el manto tiene un valor moral y también de protección. El novio se vale del manto para arropar cuidadosamente a la joven e iniciarla a la vida de adulto según los modelos paradigmáticos divinos (...). El ejemplo proporcionado por los dioses para las uniones, respalda esta costumbre cotidiana. Hera suele aparecer representada con su manto abierto al lado de su esposo Zeus (...). Apolonio de Rodas cuenta que Jasón e Hipsípila se unen bajo un ligero manto al aire libre.

Pilar Diez del Corral Corredoira,

estudio iconográfico de la cerámica ática

Hagamos un merecido aparte a nuestra Sabiduría Criolla: *Nació enmantillado*, es una expresión popular que revela una profunda conexión con las creencias y tradiciones que trascienden generaciones.

Esta frase nos habla de alguien que nació con un destino ya marcado, que posee una protección especial desde su mismo nacimiento, como si una capa invisible lo cubriera, resguardándolo del azar y guiándolo hacia un propósito mayor incomprendido por los incrédulos. Un vínculo con lo divino que no necesita ser ganado, sino que es otorgado por derecho de nacimiento, como un regalo providencial, por lo que se espera que:

- Lo persiga la buena suerte y el éxito en todos sus asuntos.
- No pueda morir ahogado, ni por arma de fuego.
- Será un visionario y persona de moral superior.
- Percibirá lo que no puede ser percibido por el común de los mortales.
- Conocerá las verdaderas intenciones de las personas.
- Ha sido bendito por la divinidad.
- Entre los Waraos [21], podrá ser de adulto un Wisiratu (Chaman).

A tal punto reside en el inconsciente colectivo el elemento Capa, que su presencia es casi inevitable en las figuras que representan el bien, en el caso de los Súper Héroes, como manifestaciones arquetípicas de la luz y la justicia, es muy usual el que porten una Capa, como señal distintiva de que poseen atributos en bienestar de la sociedad, el planeta, los desvalidos, la justicia, y que son portadores de una misión. Está presente en estos seres extraordinarios como un recordatorio de que todo gran poder conlleva una responsabilidad profunda, y que su <u>deber</u> es proteger a aquellos que no tienen los medios para hacerlo por sí mismos

The Flame, creado por Will Eisner[2]

Como elemento conceptual, la Capa se entrelaza en las distintas tradiciones esotéricas, religiosas y culturales, manteniendo su aura de misterio, poder y transformación, la encontramos en la Alta Magia, la prestidigitación y el Cristianismo Evangélico. Los grandes Magos reales o figurativos, como Merlín, Mandrake, Salomón, siempre se representan con sus respectivas capas, que simbolizan no solo su conocimiento oculto y sabiduría arcana, sino también su conexión con fuerzas superiores. Estas capas actúan como un vehículo para canalizar la energía cósmica y modificar la realidad a voluntad, al tiempo que ocultan la verdadera naturaleza y el alcance de los poderes de sus

2. *https://es.wikipedia.org/wiki/Superh%C3%A9roe#_6666cd76f96956469e7be39d750cc7d9_media_6666cd76f96956469e7be39d750cc7d9_Archivo_853ae90f0351324bd73ea615e6487517_Flame_002.png*

portadores. En la prestidigitación, la capa desempeña un rol similar, ocultando movimientos, trucos y secretos. Es una herramienta tanto física como simbólica que representa el dominio sobre las ilusiones, el control de la percepción y la manipulación de la realidad.

Son también protagonistas de numerosas historias de aventuras, tanto épicas[22], como modernas e infantiles, como "el gato con botas" y varias otras, resaltándose siempre su carácter mágico o misterioso, y la capacidad de llevar vidas extraordinarias.

El cabello humano, cuando su longitud alcanza y supera los hombros, es una Capa natural, este concepto encuentra resonancia en diversas tradiciones espirituales y mitológicas, siendo el caso de Sansón (Jueces 13-16) uno de los ejemplos más conocidos, cuyo corte simboliza la pérdida del favor divino. En algunas tradiciones indígenas, la conexión con las energías circundantes, venia dada por el cabello largo.

La Capa de Merlín, uno de los más poderosos magos de la mitología medieval, le servía de protección, contra ataques físicos, hechizos y fuerzas malignas, no solo a sí mismo sino a otras personas, objetos o lugares que estuvieran bajo su influencia, también le otorgaba la capacidad de invocar tormentas y calmar los mares, desatando los elementos a su favor. Podía hablar con los animales mientras lo llevaba puesto, este poder era un reflejo de su capacidad para sintonizarse con el reino natural, entendiendo los secretos del universo a través de todas las formas de vida.

En la mitología galesa de los Mabinogion, se menciona una capa que entre otras capacidades, otorgaba invisibilidad un atributo poderoso y misterioso que otorga a su poseedor la capacidad de desaparecer a voluntad.

Entre los celtas, uno de los populares talismanes consagrados a la diosa Madre, era el denominado Manto de Briggit, que consistía en un trozo de tejido largo o banda que se dejaba a la vista e intemperie, en la Fiesta de Imbolc, una festividad que marcaba el comienzo de la primavera, para absorber el poder de la divinidad, cuando su presencia se hacía patente durante las ceremonias de la tribu, denotando la renovación de la vida y la purificación espiritual a través de la interacción con lo divino.

Briggit con Capa de tipo Talar

En las tradiciones celtas, se dice, que los poderes benéficos del "Brat Bride" o Manto de Briggit tenían una duración de siete años. No obstante, se consideraba conveniente renovarlo cada año, de la misma manera que la primavera en cada lapso, renueva el poder de la Tierra año tras año. El Brat Bride no solo era un símbolo de la fertilidad y abundancia que Briggit confería, sino también un recordatorio de que la conexión espiritual requiere cuidado constante, como el ciclo de la vida misma, que necesita renovarse para mantenerse vibrante y poderoso.

Sigfrido, el gran héroe celta, Capa con broche central

En *El Cantar de los Nibelungos*, Sigfrido utiliza una Capa mágica de nombre Tarnkappa, esta le otorga no solo la capacidad de volverse invisible, sino también una fuerza sobrehumana, permitiéndole realizar hazañas inalcanzables por el común de los mortales, conectándolo con fuerzas superiores a las limitaciones humanas.

> *Cuando el fuerte Sigfrido se cubría con la Tarnkappa su vigor era terrible, y adquiría la fuerza de doce hombres.*
>
> *Entretanto, Sigfrido, el astuto joven, sin que nadie lo viera, había vuelto a la embarcación para traerse la Tarnkappa que dejara oculta allí; penetró cautelosamente en la barca, así nadie lo vio. Se dio prisa en volver y vio a un gran número de guerreros: La reina venía entre ellos para preparar las pruebas. Se adelantó haciéndose invisible y ninguno de ellos pudo verlo gracias a su artificio.*

Esgrimió con gran fuerza la valerosa joven la lanza contra el nuevo y brillante escudo que llevaba en el brazo el hijo de Sigelinda. El fuego brotaba del acero como si hubiera soplado el huracán. La fuerte punta de la espada atravesó el escudo y se vio salir chispas de los anillos de la cota. Del fuerte golpe cayeron los héroes: Sin la Tarnkappa los dos hubieran muerto, el fuerte Sigfrido echó sangre por la boca: Pero el buen caballero se levantó rápido, cogió la jabalina que le había arrojado ella, y con segura mano, la esgrimió a su vez.

Siete Capas, ¿qué es?

Siete Capas es un Sistema de Sanación mental y emocional, anclado en la 5ta dimensión, es imperativo en su aplicación la integración consciente del *Pensar y Sentir* en elegante sincronía. Es otro regalo directo del Cosmos, es eficaz, amoroso y fácil, muy fácil de aprender y de aplicar. Es una Multicolor Bendición. Este sistema fue estructurado por Sanat Kumara, Gran Maestro Jesús el Cristo y la Madre María. Mientras que su concreción [23] y adaptación al plano terrenal fue realizada por el autor de este libro, extendido por el Maestro Ascendido El Morya, resguardado su conocimiento por el Maestro Ascendido Saint Germain. Su carácter como revelación es doblemente acertado.

La imagen representativa de Siete Capas fue un Arcoíris Celestial, símbolo de conexión entre lo divino y lo terrenal, sin embargo los colores de las Capas no se corresponden completamente con los del arcoíris, tampoco deben confundirse con los 7 Rayos de la metafísica clásica, bueno solo algunos tonos coinciden, las Siete Capas poseen una vibración y propósito únicos, los colores de las Siete Capas son:

AZUL
VERDE ESMERALDA
PLATA
ROJA ESCARLATA
VIOLETA INTENSA
NEGRA
ESCARCHA

Nótese que, están incluidas frecuencias del nuevo espectro evolutivo para esta era. Algunas de estas frecuencias, no tienen un color terrenal equivalente para referenciarlas. Sin embargo, esto no supone una limitación, con el uso se pueden percibir fácil y claramente en tu mente.

Recibiendo una Capa, el "Pase"

Cuando recibes la primera Capa, es decir, te es *otorgada*, ya eres un Sanador de Siete Capas, incluso si posees solo la inicial, y desde ese preciso momento ya puedes utilizarla en beneficio propio y ajeno.

Las Capas pueden recibirse de dos maneras: Son transmitidas por alguien encarnado, que tenga las Siete Capas completas, y sea un **Transmisor de Siete Capas**, o directamente por la Jerarquía de Luz, en este caso los Regentes, o cualquier ser de luz a quien ellos tengan a bien designar, según la evolución de cada cual.

Al día de hoy, fecha de esta versión del libro (ver contraportada), un Transmisor de Siete Capas solo tiene la capacidad de poder pasar las Capas indicadas, a saber: Azul, Verde Esmeralda, Plata, Roja Escarlata, Violeta Intensa, Negra y Escarcha. Es el diseño del Sistema.

El 10 de diciembre de 2019 por primera vez, se pasó, en una unica sesión, todas las Siete Capas a distintos receptores, una a cada uno por supuesto, clara señal de una evolución en el sistema, mostrando una nueva capacidad para expandir su alcance de manera efectiva y precisa.

En Febrero del 2024 por primera vez se otorgó una capa a un niño(a), en esa misma ocasión el Pase de Capa fue seguido, con diferencia de apenas minutos de un Booster. Este evento marcó el potencial creciente del Sistema en su capacidad de sanación y transmisión.

No existe un orden estricto para recibir las diferentes Capas; sin embargo está indicado por la experiencia, que la Azul suele ser la primera, y la Roja Escarlata, Negra y Escarcha al final. Sin embargo el orden es irrestricto, y depende del Plan Divino particular de cada individuo.

Ahora bien, hay diversidad de dones, pero el espíritu es el mismo. Y hay diversidad de ministerios, pero el Señor es el mismo, y hay diversidad de operaciones, pero Dios, que hace todas las cosas en todos, es el mismo. Pero a cada uno le es dada la manifestación del Espíritu para provecho. Porque a este es dada por el Espíritu palabra de sabiduría, a otro palabra de ciencia según el mismo Espíritu. A otro fe por el mismo Espíritu, y a otro dones de sanidades por el mismo Espíritu. A otro el hacer milagros, a otro profecía; a otro discernimiento de Espíritus; a otro, diversos géneros de lenguas y a otro, interpretación de lenguas. Pero todas estas cosas, las hace uno y el mismo Espíritu, repartiendo a cada uno en particular como él quiere. Porque así como el cuerpo es uno, y tiene muchos miembros, pero todos los miembros del cuerpo, siendo muchos, son un solo cuerpo, así también Cristo.

I Corintios 12:4-12

Por la Ley, obtener una Capa requiere e implica una Victoria o Logro Evolutivo que acredite al receptor a ser su merecedor, o construirla con férrea e ininterrumpida disciplina. Por la Gracia, las Capas pueden ser obtenidas estando cerca de alcanzar tal logro [24] e incluso por mérito tangencial[25], es decir, por virtudes relacionadas de manera indirecta, es por esto que se le llama adecuadamente "Regalo del Cosmos".

A quien vence, le será dada una vestidura blanca. (...) esta Capa del Cristo Cósmico o Manto Sin Costuras.

Revista El Puente a la Libertad, enero 1979 Pág.23

A este respecto la adquisición de Capas subsiguientes hasta la séptima, no debe entenderse como el progreso jerárquico a algún nivel, como en otros sistemas, sino más bien como una expansión horizontal dentro del sistema. Todas las Capas comparten las mismas técnicas. El recibir la tercera y septima Capa es considerado un punto de inflexión importante. Esto se debe a que, por la sinergia de 3 o más Capas, hay un incremento intenso de la acción sanadora, no solo en "cantidad" de energía sino en las acciones realizadas por la combinación de sus atributos.

En el aspecto evolutivo como sanador, lo que se conoce como **presión** sobre los aspectos a ser superados **se incrementará en intensidad y en frecuencia**, ¡tómalo como un verano universitario!, donde un semestre se cursa en poco menos de cuatro semanas y aun así el cupo es limitado, tómalo como un examen aprobatorio, en el cual debes presentar **todo** el material en un solo examen. Esto es aún más notable al alcanzar las Siete Capas, marcando un hito evolutivo y espiritual que amplifica tanto las capacidades como los desafíos del sanador.

Las Capas pueden recibirse tanto de manera presencial como remota, es decir en ausencia física. Sea cual sea el caso, debes estar lo más tranquilo y libre de perturbaciones internas y externas posible. No debes estar cruzado, de piernas, brazos ni dedos, ya que esto puede interferir con el flujo energético. Las únicas excepciónes son Padmasana, Birmana, Shiddasana, SeiZa, etc. y sus correspondientes medias posturas o Ardhas, esto para los practicantes de Yoga familiarizados con ellas.

Para recibir cada Capa, puedes estar acostado, sentado o de pie, en actitud receptiva, pero son preferibles por mucho, estas dos últimas opciones. El Transmisor de las Siete Capas, con el que previamente has acordado el día y la hora del pase, ejecutará el procedimiento y el Pase será así realizado.

El procedimiento dura menos de 86seg, sin embargo puedes y es recomendable permanecer en solaz el tiempo que quieras, después de la transmisión, permitiendo que la energía se asiente y se integre plenamente.

La forma en que se reciben las Capas, se conoce como transmisión o "Pase". Al recibirla la Capa se integra al campo áurico y, **ES TUYA** desde ese momento. Este detalle es sumamente importante, y distingue por completo el uso de estas u otras Capas [26] por medio de Invocación, por ejemplo. Este diseño, es producto del trabajo de los Regentes en estos tiempos de Gracia actuales.

Ahora tienes una o varias Capas, y recalco **TIENES.** Voy a dar un ejemplo sencillo aunque un poco burdo: Si te gusta andar en bicicleta, hay una gran diferencia entre pedirla prestada a tu primo, cada vez que quieres andar en ella, y tener la tuya propia. La Capa que has recibido es completamente tuya, y ese hecho marca toda la diferencia.

Cuando completas las Siete Capas, tienes la posibilidad de convertirte en un Transmisor de las Siete Capas [27]. Es de destacar que cuentan las Capas indicadas anteriormente, cualquier otra, previa o concurrente no cuenta dentro de estas Siete.

Con la 3ra y 7ma Capa hay un punto de inflexión importante, como ya se indicó.

Importante: Es posible que el Transmisor establezca un "Monto en Metálico" o un intercambio simbólico por cada Pase. Dicho monto queda a su entero criterio y es y será siempre algo *sugerido*, y el Pase de las Capas **no** está, ni lo estará **NUNCA**, supeditado a dicho pago o emolumento. Independientemente del mismo o de si se ajusta a lo sugerido o no, el Pase se llevará a cabo. Tal es la Divina Voluntad.

Aplicando las Siete Capas

Ya recibí mi primera capa. ¿Y Ahora?

Ahora, ¡Úsala! El carro que te dieron, no lo dejes en el garaje. La Capa que has recibido es una herramienta poderosa, pero debes explorarla de la única manera posible: ¡usándola!. Ponla a trabajar en tu vida. Recuerda que la Capa está integrada a tu campo áurico y tiene el potencial de sanar, transformar y elevar tu energía. Siéntela, visualízala, y permítete experimentar sus beneficios.

Me hace recordar, las veces que a uno le regalan una franela, o una blusa a las chicas, y la gente le hace coro: ¡Póntela!, ¡Póntela!, ¡Póntela de una vez!, ¡Si para ponértela es!

Pero, ¿Cómo?: **Fácil, muy Fácil**, amado Sanador de Siete Capas. Siéntela, visualízala y aplícala con cada una de las técnicas indicadas en el capítulo correspondiente. La Capa es una extensión de ti mismo, no es un accesorio áurico, es un peldaño en el reconocimiento de tu poder Divino y de tu capacidad de sanar y transformar. ¡Deja de lado las niñerías!, ¡Cesa ya tu auto-engaño! ¡Ahora es momento de disfrutar de sus efectos y compartirlos con los demás!

A continuación la enseñanza magistral del Gran Maestro Jesús el Cristo:

Siente con Intensidad
Piensa con Claridad
Aplica con Constancia.

Jesús el Cristo

Este párrafo anterior, en apenas tres cortas líneas, resume tomos completos de la metafísica más profunda.

Si por alguna razón la aplicación no procede, la Capa no aparecerá o, simplemente, permanecerá sobre ti mismo sin moverse. Puede ser que no haya permiso, o el estado interno del sanador sea díscolo.

> *Invocación y respuesta, son dos caras de la misma moneda, una no existe sin la otra.*
>
> Saint Germain 28/08/2020

Como seguramente dilucidas, el hecho de que una Capa no aplique, no significa que otra distinta no pueda trabajar, esto claro, cuando se posee más de una Capa. Igualmente, lo que no procede hoy, puede proceder mañana, nunca olvides esto.

> *En otras palabras, sentir intensamente para pensar claramente.*
>
> Nathaniel Branden,
> El arte de vivir conscientemente

Siente la Capa sobre tus hombros o cabeza y con la Mente ejecuta la técnica que quieras, o la que te parezca que es la apropiada, son frecuentes los beneficios inmediatos.

> *Esta dicho que es un tema a considerar, la interacción de la emoción y la voluntad en sus tres componentes, Sabiduría (chi �), Emoción (jō �), y Pensamiento (�).*
>
> Kiaijutsu jizai

Todas las capas comparten las mismas técnicas, pero otorgan diferentes atributos y dotes. Todas manifiestan paz y solaz.

Contrariamente a la noción, de que el pensamiento y la emoción son intrínsecamente adversarios, la habilidad de sentir profundamente y sin distorsión refuerza la habilidad de pensar claramente.

Nathaniel Branden,

Vida cotidiana y autoconciencia

Desde el principio debes desechar cualquier dificultad o complicación en la aplicación de las Capas, NO hay tal.

A partir de la segunda Capa otorgada, para aplicar más de una de ellas es fácil, muy fácil: siéntelas todas y, a continuación, piensa la técnica deseada. Las Capas que sean necesarias, se sucederán según el orden adecuado a cada caso, o actuarán simultáneamente si fuera necesario. Las Capas que no ameriten su acción en ese momento, permanecerán en tus hombros.

El tiempo que dura cada aplicación varía en base a diferentes factores. En lo que respecta al sanador, son los siguientes: La intensidad emocional con que sientes la Capa, seguida de la Concentración Mental al aplicar la técnica y, finalmente, el tiempo que mantengas la aplicación. Esto es el orden natural y cósmico.

La velocidad e intensidad de su acción dependen en gran parte de los sentimientos de ferviente sinceridad, fe y gratitud amorosa en la conciencia de aquel que la invoca.

Kwai Yin

que la Maestría está en vuestros corazones, mentes y manos.

Sanat Kumara, 23/03/2012, C: Aldhana

Todo sistema sufre cambios acelerados si se mantiene una fuerza constante sobre el mismo.

Newton, Ley de Aceleración

Con un ligero movimiento de su pensamiento, realizan todas las tareas cotidianas, como lo hace el Señor.

Maha Ramayanan

La única vez que no debemos fracasar es cuando intentemos algo por última vez.

Anónimo

Atributos, Dones y Dotes de las Capas

A continuación, listo los atributos de cada Capa. Esta lista es de mero ejemplo y no a título exhaustivo. Solo Dios sabe de lo que Él mismo es capaz.

AZUL:

Abrigo, confianza en la voluntad divina, conciencia celestial, calmar los ímpetus, fortaleza en las adversidades, tolerancia, nobleza, ternura, simpatía, intuición materna, frescura, fortalecimiento del trabajo de las otras capas, conciencia espiritual, inalterable felicidad, protección, gracia, fe, nutrición maternal. Excelente para niños, cachorros y brotes, proyectos en etapa inicial o en planificación.

Se dice que la Virgen María tendió su manto azul sobre un arbusto de romero mientras descansaba, y sus flores se tornaron azules. Desde entonces, se le llamó "Rose of Mary" (Romero).

VERDE ESMERALDA:

Aclarar situaciones extrañas, abundancia, vida y salud, nutrición paternal, entender el lenguaje de los seres vegetales, equilibrio, regeneración, empatía, relajación, sedante, calmante, sanación, honestidad, consejo acertado, salud, disolución de conceptos errados y falsas creencias, destapar daños ocultos, esperanza, renovación.

PLATA:

Aceleración, sangre fría, purificación, reflexión, practicidad, constancia, purificación del subconsciente, poder mágico, claridad mental, sabiduría derivada de la experiencia, sanación por medios tecnológicos, restaurar el equilibrio, debilitamiento de los EgoS, rechazar la negatividad declarada.

ROJA ESCARLATA:

Allanar obstáculos artificiales, destruir trabajos de magia negra y roja, fuerza y resistencia ante la adversidad, impulso y poder, remover estancamientos, poner en desbandada a los seres oscuros y espíritus burlones, bloquear el poder de brujos, hechiceros, nigromantes malignos. Incremento temporal de la fuerza y el ánimo físicos [28]. Sellar el trabajo de las otras Capas, nacimiento, muerte y trascendencia:

Y está vestido de un manto empapado en sangre, y su nombre es: El Verbo de Dios.

Apocalipsis 19:13

Y desnudándole, le pusieron un manto escarlata.

Mateo 27:28

NEGRA:

Eternidad e inmortalidad, pureza y perfección más allá de toda medida, expansión de la mente hacia lo ilimitado. Formalidad y seriedad en la práctica espiritual.

Yo soy, Chokmak y Hikmak que significa sabiduría y yo soy el manto y el potencial de ser de Abba, el padre divino y universal, forrado de un manto negro de obscuridad en los misterios de la vida y el ser antes de ser manifestado a sus creaciones objetivas.

El Libro de Maat

Amor mío, mi rey, mi maestro, mi más amado estudiante, eres la causa, el principio positivo, vestido de un manto negro, y soy el manto sobre ti.

Las Rosas de Asherat y Yahvé

ESCARCHA:

Acción carismática, suerte, intensidad, bendición, iluminación espiritual, gracia, materialización (aporte y transporte).

¿Quiénes de ustedes son capaces de abrir la tapa del "Arca de Dios" y ver el fuego de transmutación que existe dentro del arca y sacrificar su vida, formas y existencias para tocar "la cara y el cuerpo de Dios" y fundirse con lo infinitamente viviente y entrar y pasar del otro lado del manto del "Anciano de los Días [29]"?

La filosofía del libro de Hermes Mercurio Trimegistro
José Miguel Báez

VIOLETA INTENSA:

Alquimia, destrucción de organismos antagónicos, perdón, transmutación, sublimación, liberación, transición entre planos, cambio de era, cambio de ciclo de vida.

Siete Técnicas

Madre María Aplicando el Manto Azul, generado con IA

Las 7 Técnicas en orden alfabético:

Abrigar, cubrir, extender, limpiar, proteger, recluir y sacudir.

Al aplicar cada técnica, es necesario usar conjuntamente tus cuerpos Emocional y Mental. Esto quiere decir que debes sentir y pensar simultáneamente lo que estás haciendo. ¡Todos los niños juegan de esa manera, no es una nueva habilidad a desarrollar!

Siete Capas es: Emocional-Mental-Acción.

Abrigar: Coloca la Capa de la misma manera en que le pones una manta a quien tiene frío, con similar intención.

Cubrir: Es como poner un mantel sobre una mesa o un mueble, adoptando la Capa la forma de lo que cubre; se asemeja un poco al *envoplast*.

Extender: Es como cubrir, pero con mayor amplitud, abarcando más allá de la persona, animal, objeto o concepto, por encima, como un toldo.

Limpiar: La Capa gira como un remolino en todas direcciones y ejes cartesianos, removiendo lo que no debe ser.

Proteger/Envolver: Envuelve lo que deseas proteger como en un capullo, pero **INVARIABLEMENTE** siempre ¡Limpia primero!

Yo venía envuelto en el manto de Iris.

Simón Bolívar, delirio sobre el Chimborazo

Recluir: Haz un "saco" con la Capa, atrapa en ella la negatividad y ciérrala.

Sacudir/Azotar: Asume varias maneras según la intensidad de la Aplicación:

- Da "trapazos" sobre el receptor.
- Enrollándola como una revista, golpeas.
- Arrastrando la Capa, la jalamos al final del trayecto, arrastrando fuera lo negativo mientras pensamos en el Sol.
- Esta técnica tiene a su vez una versión suave, normalmente de tipo más preventivo, que es como agitar.

Estas son las 7 Técnicas, pero su aplicación tiene usos sin número. Todas las Capas comparten las mismas técnicas, sin embargo, varias técnicas son de mayor frecuencia de uso en algunas de ellas, en relación a las otras.

Durante un tratamiento, es posible utilizar una, algunas o todas las técnicas anteriores.

Si desean Aplicar las Capas mediante el Verbo, es ¡fácil, muy fácil!, como se verá en estos ejemplos:

"Abrigo a mis hijos en la Capa Azul"

"Extiendo la Capa Violeta Intensa sobre mi país y el mundo entero"

"Sacudo a esta persona con la Capa Violeta Intensa"

Debo recomendar sin embargo, que la principal aplicación sea siempre Mental [30].

Los pensamientos y sentimientos humanos son en sí mismos decretos y producen con certeza y justicia, de acuerdo con su naturaleza, alegría o pesar.

El Morya

En Siete Capas como en algunos otros sistemas, la protección es implícita:

Si el verdadero sanador tiene el manto de sanador como resultado de iniciaciones de alto nivel, las energías negativas del paciente no podrán dañarlo.

Jesús el Cristo,

Enseñanzas acerca de la sanación

Las técnicas anteriores son técnicas activas, es decir, las ejecutamos nosotros mismos en el momento en que así lo deseamos, en beneficio propio o de los demás.

Adicionalmente, cuando se ha utilizado una Capa una cierta cantidad de veces, las necesarias para que alcance el *Momentun de Inercia,* su poder y eficacia aumentan con cada uso, y a partir de la tercera Capa recibida, alcanzan suficiente energía para el *automático* o técnica pasiva.

Y le rogaban que les dejara tocar siquiera el borde de su manto; y todos los que lo tocaban quedaban curados.

Mateo 14:36

Cuando oyó hablar de Jesús, se llegó a Él por detrás entre la multitud y tocó su manto. Porque decía: Si tan sólo toco sus ropas, sanaré. Al instante la fuente de su sangre se secó, y sintió en su cuerpo que estaba curada de su aflicción. Y enseguida Jesús, dándose cuenta de que había salido poder de Él, volviéndose entre la gente, dijo: ¿Quién ha tocado mi ropa?

Marcos 5:27-30

Meditando en/con las Capas

Bodhidharma meditando con la Capa sobre la cabeza

Lo que llamamos experiencia no es más que una limitación sujeta a maya, la única experiencia verdadera es el Samadhi y solo ella permite llegar al conocimiento total.

Yogatrayananda
Shiva Archana Tattva

Puesto que, espontáneamente, hubo quienes utilizaron las Capas como tema de meditación, se han dado las siguientes indicaciones al respecto:

Al seleccionar la Capa deseada para meditar, cualquiera de las que te hayan sido otorgadas, coloca la parte inferior bajo tus pies, como si fuera una esterilla. La parte superior, colócala -si ya no está allí-, sobre tu cabeza. Inicia y termina tu meditación desde este punto.

Manto de alegría en lugar del espíritu angustiado.

Isaías 61:3

Siéntela, percíbela con todo tu ser. Mantén tu mente enfocada en la Capa durante todo el tiempo y permite que sus atributos te impregnen suavemente, como cuando tomamos un baño perfumado. Permítete está transformación.

Medita por lo menos 15 min. Paulatinamente aumenta el tiempo hasta 30 min

Es normal que la Capa de mayor uso para la meditación, sea la Preponderante.

¡Cesa ya tu autoengaño! se trata de meditar realmente, no de creer que meditas.

Sanat Kumara Gurúdeva

El compromiso diario

Así como es necesario a las necesidades del cuerpo alimentarlo y asearlo con regularidad, de igual manera el Sanador de Siete Capas, tiene un inquebrantable compromiso todos los días del mundo:

Aplico las Capas a los sanadores de Siete Capas. Que las Capas se extiendan sobre todo este mundo.

Esto puede realizarse en cualquier momento del día, siendo los momentos ideales el alba y el ocaso.

Estas dos líneas encierran en sí, un profundo conocimiento metafísico, cuyo desglose abarcaría muchas páginas, y cuya explicación detallada demandaría capítulos enteros. En ellas se encuentran contenidos, los principios y leyes universales con gran profusión. Es tu labor espiritual, ¡Oh sanador de Siete Capas!, descubrirlo por ti mismo, penetrando en las maravillas de la vida espiritual verdadera de la mano de Los Regentes, las huestes ángelicas y los servidores de La Luz.

Es una lástima que dominados por el poder malinterpretador del Ego -un poder que le han entregado, una y otra vez a lo largo de un vasto número de reencarnaciones-, muchos sanadores ejecuten algo tan sencillo pero poderoso solo una vez al día, como si se tratara de cumplir algún requisito. Qué profundo daño al criollo han sembrado frases como estas, asumidas como verdades y no como lo que son, expresiones folclóricas:

"Diez es nota, lo demás es lujo", "eso es lo que hay", "peor es nada", "mientras vaya viniendo, vamos viendo", "es maldad que pollito píe, gallina no tiene teta", "yo ya cumplí", "yo hice lo mío, no sé los demás".

(Inter)Acciones de las Capas

En el transcurso de una Sanación con Siete Capas, podrás percibir las acciones que estas realizan, así como las interacciones entre unas y otras, en una multitud de combinaciones.

Dentro de estas bastas posibilidades, hay algunas acciones o comportamientos que son de particular interés.

La primera es la **Inacción.** Esto ocurre cuando, por alguna razón, la aplicación de la Capa no procede y esta no se moverá un ápice de nuestros hombros. Asimismo al ya estar trabajando, si queremos incorporar algo más, la Capa permanecerá inmutable como si nada.

Flamear: En este caso, en determinado momento, la Capa ondeará tal y como una bandera agitada por el viento en la punta de un mástil. Esta manifestación acompañada de una sensación de profunda paz, es señal de Éxito, Triunfo y Victoria en lo que se esté tratando. Es la representación usual de Poseidón y del Amado Arcángel Miguel.

Alertar: Con esta acción las Capas avisan de la existencia de una necesidad que están en capacidad de atender en la inmediatez. Al alertar, las Capas hacen notar su presencia sobre nuestros hombros, todas y cada una de ellas, indicándonos de manera inequívoca que están listas para la acción.

Tus Capas, cuando posees más de una, interactúan sinérgicamente entre ellas, y con las Capas de los Seres de Luz que te asisten a ti y a los receptores, esto implica que entren en acción Capas de otros colores y cualidades diferentes de los indicados para las Siete Capas.

—-oOo—-

Si anteriormente habías recibido o trabajado alguna Capa de las siete, y ahora la recibes como parte de Siete Capas, esta queda incorporada en el sistema, y puedes utilizarla como se ha indicado.

Si anteriormente habías recibido o trabajado alguna Capa, y no es ninguna de las siete y ahora eres un Sanador de Siete Capas, esta queda incorporada en el sistema, como una capa adicional y puedes utilizarla de igual manera.

Si anteriormente trabajaste alguna Capa mediante invocación [31], y ahora la recibes como parte de Siete Capas, aplica lo mismo ya dicho.

Si, siendo un Sanador de Siete Capas, recibes de la Jerarquía o los Regentes alguna Capa que no es ninguna de las siete, es una Capa adicional y no cuenta en las Siete.

Si trabajaste o quieres trabajar alguna Capa mediante invocación, y esta no forma parte del abanico de Siete Capas, puedes hacerlo perfectamente. A este respecto, Siete Capas no es excluyente.

Capas Fusionadas

El producto natural de las interacciones, en ocasiones, deriva en la fusión operativa de las Capas. Esto es herencia de la fusión sinérgica de los correspondientes rayos [32]. Dicha fusión no implica la mezcla de sus colores para generar un tercer color, sino que cada color ocupa un lado de la Capa: siendo el externo el principal y el interno el supeditado. De esto se deriva que, por ejemplo las Capas Negra/Blanca y Blanca/Negra son Capas Fusionadas diferentes.

Inmaculada Concepción, Rubens. Wikimedia Commons

Evolución de las Capas

La evolución de las Capas es la evolución del sanador de 7 Capas y la de la conjunción de todos los sanadores de 7 Capas. La forma más básica de dicha evolución consiste en el aumento de su potencia, lo cual se logra por su uso continuo (Ley) o a través del **Booster** (Gracia).

Otra evolución es el automático o técnica pasiva. También pueden adquirir atributos varios en forma de orla, broche, estampados y sellos, de acuerdo a los diferentes merecimientos de cada sanador, es decir por La Ley, y también por intervención de La Gracia Divina en función de la misión de vida encomendada.

Estos atributos reflejan las diferentes capacidades de acción que poseen las capas. Freyja, la diosa nórdica del amor, la belleza y la fertilidad, es conocida por su capa de plumas de halcón que le permite transformarse en un halcón y surcar los cielos. El manto del Mago Merlín es a menudo descrito como confeccionado con materiales finos y lujosos, con un tejido que adopta diferentes colores (poseía varias Capas), el manto está decorado con símbolos arcanos, estrellas, lunas y otros signos esotéricos.

Posiciones de las Capas

Este es un aspecto realmente interesante. Interesante e inusual son características intrínsecas de Siete Capas. Las posiciones están definidas respecto al Sanador. Cada posición denota tanto acción como cualidad. Podrán encontrar este aspecto detallado en el Apéndice de Santos y Capas.

La posición usual es **sobre los hombros.** De hecho, allí suele recibirse. Es por tanto la parte receptiva del *Pase.*

> *Y partió de allí y encontró a Eliseo, hijo de Safat, que estaba arando con doce yuntas de bueyes delante de él, y él estaba con la última. Elías pasó adonde él estaba y le echó su manto encima.*
>
> Reyes 1 19:19

> *Entonces pasé junto a ti y te vi, y he aquí, tu tiempo era tiempo de amores; extendí mi manto sobre ti y cubrí tu desnudez. Te hice juramento y entré en pacto contigo—declara el Señor DIOS—y fuiste mía.*
>
> Ezequiel 16:8

De seguido **sobre la cabeza**. En ocasiones, también se recibe de esa manera. No sería extrañó que, en ese caso, se trate de la Capa Preponderante. Para meditar, se usa conjuntamente con la posición siguiente.

Bajo los pies, es decir, estando parado encima de ella: Meditación, disolución de creencias limitadoras, entrega a cumplir la Voluntad Divina, fomenta la disposición al triunfo visible, elevarse sobre el astral, trascender los obstáculos del Mundo Terrenal, avanzar con pasos firmes en tu Divino Plan. ¡Victoria en la luz!

> *Y lo trajeron a Jesús, y echando sus mantos sobre el pollino, pusieron a Jesús sobre él. Y mientras Él iba avanzando, tendían sus mantos por el camino.*
>
> Lucas 19:35-36

> *La mayoría de la multitud tendió sus mantos en el camino; otros cortaban ramas de los árboles [33] y las tendían por el camino.*
>
> Mateo 21:8

Es de este tipo de los cuales conseguí la mayoría de referencias históricas. Ver el Apéndice de Santos y Capas.

Al frente: orientación y guía.

Tapando la cabeza y la cara: oír y escuchar a los Regentes y Guías. La coronilla es el centro de unión con los planos espirituales, y la capa frente al rostro permea nuestra visión.

> *Y sucedió que cuando Elías lo oyó, se cubrió el rostro con su manto, y salió y se puso a la entrada de la cueva. Y he aquí, una voz vino a él y le dijo; ¿Qué haces aquí, Elías?*
>
> Reyes I 19:13

Capas Preponderantes

De todas las Capas, hay algunas significativas para cada Sanador, las cuales se relacionan con sus características intrínsecas, así como el aspecto resaltante de su propia misión de vida.

Reconocer la propia Capa Preponderante es autoconocimiento. Desde luego, la primera Capa recibida, enseguida la tercera, y por último la "Favorita" o Preponderante, que puede o no coincidir con alguna de las anteriores, y es la que mayormente se presenta ante la mente. Por alguna razón, nos sentimos identificados con la misma, y de alguna manera, para nosotros es especial entre todas. Es usual que dicho color nos llamara la atención de manera particular, mucho antes de entrar en contacto con este sistema.

Esta Capa puede variar en el tiempo, con la adquisición de Capas sucesivas y la evolución como sanador.

De la misma forma que a Maestros Ascendidos, Santos y otros personajes se les representa iconográficamente con una Capa de tal o cual color de manera preponderante, y la cual les es distintiva, así mismo lo es para el Sanador de Siete Capas. Por tanto, quiere decir que la Capa con la cual se representa un Ser de Luz no es de ninguna manera la única Capa que posee, sino que es la Preponderante. Aparte que, no se mencionan ni refieren las Capas Secretas de estos seres.

El amado Arcángel Miguel,
con su característica Capa Roja Escarlata

Otras Capas o Capas Adicionales

Ya se mencionó en otra parte la existencia de otras Capas. Trataremos brevemente de las Capas Adicionales, y solo se señalará que existen, a su vez, otras Capas de uso Restringido o Secreto en este mundo [34]. No se habla de estas últimas Capas, salvo a otra persona a quien también le haya sido mostrada u otorgada por los Regentes o sus guías, *esa Capa en Particular*. Sus poseedores se reconocen fácilmente entre ellos.

La Octava Capa: Es otro nombre para la Capa Rosa Mística, otorgada por la Rosa Mística, Lady Nada o Lady Rowena. Recibí esta Capa, al prevalecer sobre una potente y astuta Entidad oscura obsesiva de Enconada lascivia.

Este logro era parte de mi plan de vida, y ya había sido previsto muchos años antes:

> *Dile a Domingo que él va a cambiar de color, por el Amor, el a veces no lo entiende, pero el Amor lo hará ponerse rosado, se siente inquieto por lo que está pasando. Dile que todo va a ser entregado cómodamente, holgadamente, que muchos regalos, ramales caerán sobre él y su familia.*
>
> *Para Domingo florecerá otra vida de color Rosado, su destino cambiara por siempre.*

27/01/2010 San Cristóbal
Casa de Sanación Sinayin

Hasta ese momento, todas mis demás Capas eran sencillas, la Capa Rosa Mística se manifestó con rosas estampadas en un tono diferente de rosa, una delgada orla blanca junto con un sujetador de cordón blanco también delgado. En está ocasión, también me fueron presentadas las entidades angélicas conocidas como Custodios.

Sus atributos más destacados son: altruismo, amor desinteresado, adoración, abundancia ilimitada, acción constructiva, misericordia, servicio, incremento de aptitudes, ternura, simpatía, caridad, compasión, opulencia divina, unión, cohesión, poder magnético, concreción de las Ideas Divinas, libertad de acción y pensamiento, los corazones endurecidos por el mal vuelven a ser amantes y fieles a Dios, energía sostenida, opulencia, pleno poder, victoria ilimitada.

La Novena Capa: Llamada así para seguir la secuencia de nombres establecida por la anterior, es la Capa Plata Refulgente. Esta Capa puede ser otorgada por cualquiera de los Regentes. Sus atributos incluyen: aceleración ulterior, ascenso espiritual, fluidez entre los obstáculos, precisión y exactitud. Rige los procedimientos de cualquier tipo, diplomados, postgrados, profundización en estudios de todo índole, impulso indetenible en el cumplimiento del Divino Plan.

Sigamos con dos casos particulares:

Capa Gris: Es una manifestación o forma de baja potencia de la Capa Plata. Por lo tanto es una Capa Plata.

Capa Amarilla: Es una manifestación o forma de baja potencia de la Capa Oro Iridiscente. Por ende es una Capa Oro Iridiscente.

Y continuamos con el resto:

Capa Marrón: Es otorgada por San Francisco de Asís. Entre sus atributos están: humildad, conexión con el reino animal, entender el idioma de los animales.

Capa Naranja: Es otorgada por Ramakrishna. Gracia Divina, devoción al propio Maestro (Gurú Yoga), suministro ilimitado. Esta Capa es sumamente excepcional y, aun en el transcurso de largos siglos, muy, muy rara vez es otorgada al ser humano,

Capa Blanca Incandescente: Mejor conocida como **Manto Electrónico**, también llamada **Manto de Invisibilidad**. Es posiblemente una de las más conocidas debido a la difusión de las diversas escuelas metafísicas y de la Nueva Era en décadas pasadas. Es otorgada por Jesús el Cristo, el Arcángel Gabriel o Sanat Kumara. Sus atributos incluyen: invencibilidad, invisibilidad. protección frente a las Fuerzas Siniestras y los efectos de la mentira, el escarnio y el chisme. Especialmente útil ante el peligro inminente y todo tipo de miedos.

Capa Oro Iridiscente: Mejor conocida como la **Gran Capa del Silencio**. De naturaleza tenue, casi vaporosa. Entre sus atributos se cuentan: adoración, misericordia, seguridad, aceleración, certeza del camino elegido, anticipación, compartir los propios triunfos espirituales con el resto de los seres.

Capa de la Madre Naturaleza: Es otorgada por Osiris. En junio de 2024, mientras caminaba por Guacara después de una lluvia intensa, por el camino encontré un arbolito florido que salía pegado junto a una pared abandonada. Se notaba alegre por el agua de lluvia que había recibido. Haciendo uso del don otorgado por la Capa Verde Esmeralda, le pensé "estas bonito" y respondió "pasa por debajo", así que pasé. El árbol quedaba unos 15cm sobre mi cabeza, sentí que su sombra me abrigaba, fue su forma de mostrar efecto.

Varias cuadras más adelante, vi un gran árbol. Recordé lo que acababa de ocurrir con el anterior y este árbol me dijo: "La sombra de nosotros, de nuestras ramas es la Capa de la Madre Naturaleza".

Capa Maestra del Amor Milagroso: Es otorgada por la Diosa de la Libertad, manifestar milagros, aportar fragancias celestiales.

Capa Turquesa Estelar: Es otorgada por Kuan Yin. Amor universal, compasión, paciencia sin límites.

Capa Andrómeda: Regalo de las inteligencias colectivas de dicha galaxia, esta capa es muy singular, incluso exótica. Sus atributos son: estabilizar el caos mental y emocional, elevar la vista y la consciencia hacia las estrellas, acelerar la evolución por momentos. Se otorgó por vez primera el 24 de diciembre de 2017.

Capa de Andrómeda, Mery Vidal

Capa Pérlacea: Intensificación por medio de la limitación, concentración por medio de la acumulación.

Extensión Terrenal

La Compasión, es el deseo de que los demás estén libres de sufrimiento.

Su Santidad, el Dalia Lama

Aun cuando en Sanación Espiritual verdadera nos movemos dentro del ámbito de la Compasión, este capítulo de Siete Capas, al igual que otro sistema muy anterior concrecionado a través de mi: Los **Cristales Etéricos de Venezuela**, lo son de forma claramente explicita. El Oro, el rey de los metales, cuya vibración en su faceta elevada impulsa a compartir tus logros espirituales con el resto de los seres que se encuentren en el momento de recibirlos y aprovecharlos.

De la compasión puede hablarse, y se ha hablado muchísimo, es uno de esos temas inagotables en cualquier idioma, pero a fines prácticos este es un excelente referente: piensa cada día en la forma o manera, en que el sufrimiento de todos los seres, sin excepción alguna, puede ser reducido, eliminado, superado, retardado, fragmentado en trozos menores, cancelado, suavizado, redimido, has de esta tu forma usual de pensar ¡oh! sanador, y tu aura se tornará como el brillo de miles de soles.

Con tal que tuvieras bastante amor, serias el ser más poderoso del universo.

Emmett Fox

En cada ocasión en que superes un obstáculo, te libres de un sufrimiento, disfrutes de momentos felices, avances espiritual o materialmente, es imperativo que **siempre,** de manera invariable pienses en que el resto de los seres también puedan experimentar la misma trasformación.

Cuando la compasión sea parte de tu cotidianidad y se convierta en el latido constante de tu ser, en breve las *ideas divinas* circularán por tu cuerpo mental, como las semillas brotan fuertes, sanas, abundantes, hermosas y rebosantes de luz en tierra bien abonada, capaces de transformar la oscuridad en plenitud eterna.

La compasión es la semilla y el comienzo, y también el camino y el resultado.

Akong Rimpoche

Se entiende por Extensión Terrenal, la elaboración de Capas en el plano físico que serán empoderadas por las correspondientes Capas Mentales. La Extensión Terrenal es particularmente regida por El Morya [35].

Este conocimiento, donde una Capa Terrenal esta empoderada por lo espiritual ya estaba arraigado en los tiempos de los antiguos, conocedores de que al empoderar lo material con lo divino, trascendemos los límites de la existencia terrenal.

Pasado el Jordán, encargó a Eliseo, el cuidado y observancia de su religión, y le ofreció que desde el lugar en que el Señor le colocase, pediría por su duración y aumento. Por fin, le dijo le pidiese cuanto quisiese, que se lo concedería con gusto. Eliseo solo le pidió su espíritu doblado; y aunque se le hizo dificultosa la petición, se la concedió. En esto vino el carro de fuego, en el que Elías subió a los cielos, triunfante, y Eliseo lleno de dolor, le miraba y decía: Padre mío, padre mío, carro de Israel y carretero suyo. Así lamentaba Eliseo la ausencia de su santo padre, cuando perdiéndole de vista vio que le arrojaba su Capa o melota, y en ella su espíritu doblado, y con cuya prenda se volvió al Jordán: Y habiéndole dado también paso milagrosamente, dividiéndose otra vez sus aguas al contacto con la Capa, los cincuenta hijos de los profetas o monges, que a la otra orilla le esperaban, viéndole venir con la capa y espíritu de su maestro Elías, le adoraron por su sucesor y admitieron por prelado.

Las diferentes aplicaciones de dichas Capas Terrenales, pueden ser hechas por personas que no son Sanadores de Sietes Capas, e incluso por quienes no sean sanadores en absoluto. De hecho es por esta amorosa razón que esta parte del sistema fue concrecionada y revelada a la humanidad.

Algunos de los sanadores de Siete Capas tenemos la sagrada misión de elaborar estas Capas básicamente para los demás, para aquellos que, aún no están en el momento evolutivo de ser iniciados en alguna forma de sanación, a los débiles espiritualmente, a los necesitados, a quienes aún no despiertan a las grandezas de su propia alma, y en general todo aquel que requiera asistencia espiritual por medios terrenalmente tangibles, siendo a la vez faro y navío de consuelo, esperanza y sanación.

> *Quien haga la costura no necesariamente debe ser un sanador de Siete Capas o sanador en absoluto, sin embargo es requisito que uno de los involucrados esté presente durante todo el proceso. La costura deberá ser hecha en un solo trabajo y no interrumpirse o intercalar con otros trabajos, el costurero(a) debe ser debidamente informado del carácter espiritual de lo que estará haciendo, y le será retribuido con las dispensaciones acordes.*

Sanat Kumara 16/08/2019

Las telas utilizadas en la creación de las capas terrenales, idealmente han de poseer al menos un 70% de fibras naturales. Lino, algodón, seda y otras fibras ofrecidas por la Madre Naturaleza, son las idóneas para este fin sanador. Dentro de los colores correspondientes, se deben conseguir los más brillantes posibles, según la disponibilidad del material, reflejando en algo la luminosidad de las dimensiones superiores.

[B]

Capa en media luna, de la virgen de la Montaña

La forma de la Capa puede ser rectangular o media luna, guardando una proporción de 2x1, sea cual sea la medida, es decir el doble de alto.

El sujetador va a cierta distancia del borde al centro, indistintamente a ambos lados, idealmente a 1/3 de la distancia.

Se debe considerar que, las medidas dadas se refieren a la Capa ya terminada, y no al corte de la tela.

Rosa Mística, 14/08/2019

Los colores de las Siete Extensiones Terrenales de Siete Capas, son:

Oro/Plata

Índigo/Blanco

Azul/Rosa

Amarillo/Verde Esmeralda

Violeta Intensa

Roja Escarlata

Negra

Índigo/Blanco: Esplendor de la Misericordia.

Amarillo/Verde Esmeralda: Esplendor de la Armonía.

Las Capas iniciales, pioneras de una mayor cantidad futura, fueron distribuidas en Venezuela, de la siguiente manera:

Tres para Oriente: Oro/Plata, Índigo/Blanco, Violeta Intensa.

Dos para Gochilandia: Amarilla/Verde Esmeralda, Roja Escarlata.

Dos para la zona central: Azul Celeste/Rosa, Negra.

Elaboración de una Capa Terrenal: Una vez ya establecido el color de la misma por los Regentes, debemos conseguir la tela, el cordón del sujetador, hilo y agujas, y los implementos usuales de costura; el cordón puede elaborarse con tiras de la misma tela, a criterio y habilidad del responsable del trabajo.

El corte de la tela debe hacerse de tal forma que, según las medidas de la tela, la proporción sea de 2x1, tanto si es rectangular, como en media luna.

En el caso de las Capas Combinatorias, la tela debe ser la misma para ambos colores, es decir del mismo genero.

Importante: Las Combinatorias deben ser confeccionadas en forma rectangular y las monocromáticas en media luna.

Todos los materiales y equipos usados en su confección, deber ser bendecidos, y algunos de ellos consagrados de la forma correspondiente.

Una vez elaboradas, dichas Capas deben ser debidamente empoderadas, y permanecer en los bolsos o macutos, mientras no estén siendo usadas o en proceso de limpieza.

Estos macutos son, como su nombre lo indica, un tipo de bolso alargado, del tamaño suficiente para albergar la Capa sin que se vea forzada su entrada o salida.

El Guardiero: Estas Capas Terrenales, estarán bajo la responsabilidad de un Guardiero, el cual la llevará toda su vida. Para ser Guardiero debe tener por lo menos otorgada la tercera Capa. El Guardiero puede pasar esta responsabilidad a otro Guardiero, e incluso otro Sanador de Siete Capas, volviéndolo entonces Guardiero a su vez.

Un Guardiero puede asumir la custodia de más de una Capa. La asignación de esta responsabilidad es hecha por los Regentes. El Concrecionador, es decir el autor de este libro, está excluido de tal función.

Es este Guardiero quien tiene la misión de entregar la Capa para una sanación o tanda de sanaciones, y es a él a quien debe volver luego de concluida. El mantenimiento y limpieza también a él corresponde.

En caso de muerte, desaparición o cualquier otra circunstancia que impida al Guardiero continuar con su función, los Regentes designarán otro, sin perjuicio que otro Guardiero tome la o las Capas bajo su cuidado temporal por propia iniciativa.

Doblando una Capa: Las rectangulares se doblan a lo ancho en tres partes y luego se enrollan, como si de una toalla de hotel se tratara. Las Capas en forma de media luna, se doblan a la mitad y se enrollan de igual manera. Una vez enrolladas se guardan cuidadosamente en sus macutos.

Empoderando/Consagrando una Capa Terrenal: Para consagrarla, debe colocarse el manto extendido sobre una superficie lo más plana posible, **nunca** directamente sobre el piso, ni debe tocarlo al colgar, la parte interna viendo al suelo y la externa al aire.

En este momento se hace la invocación a los Regentes:

Amados Regentes de Siete Capas, Madre María, Jesús el Cristo, Sanat Kumara, El Morya, Saint Germain ya la Capa (Nombre de la Capa) fue elaborada y está lista para su Consagración, por favor asístannos junto con las huestes angelicales, en este proceso.

Se esparcen delicadamente los pétalos de rosa sobre la capa, seguido de un poco de agua rociada con las manos, como si de rocío divino se tratara.

Seguidamente se inspira plenamente, sintiendo nuestras Capas, mientras apuntamos las manos hacia la Capa Terrenal. Consagramos esta última con la asistencia de los seres de luz. Es de notar y percatarse que dicha consagración es hecha por un equipo formado por las fuerzas espirituales junto con nosotros, como seres que han asumido el inicio de su adultez espiritual, junto con las **correspondientes responsabilidades**.

Padre/Madre todopoderoso, Amados Regentes y miembros de la Jerarquía correspondientes a 7 Capas, huestes angelicales, consagremos esta Capa (Nombre de la Capa), para extender la Luz Divina en forma de sanación, dispensación y liberación, dondequiera que se utilice, imprégnenla de todo atributo necesario para su función en el Gran Plan Divino. Gracias, gracias, gracias.

Se deja secar, y luego, doblándola según las indicaciones, se guarda en el macuto, quedando así lista para sanar. Los pétalos de rosa pueden usarse como ofrenda en un altar o esparcirse en la tierra o el agua, ¡No botarlos a la basura!, su esencia debe retornar a la naturaleza en un acto venerable.

Cuidado de las Capas Terrenales

<u>NUNCA</u> deben colocarse directamente sobre el suelo, esto drena la carga y es contrario al respeto debido a los objetos sagrados.

Los dobleces indicados para su conservación, según su forma, no pueden ser modificados o alterados para guardarlas o trasladarlas, ni por apuro, ni mucho menos por comodidad del operador. Los únicos dobleces distintos son los de las técnicas de aplicación.

Las Capas Terrenales, solo deben salir de su macuto en los siguientes casos: para sanaciones, para lavarlas, para su mantenimiento, para explicar su uso y manejo, o como modelo para elaborar otra Capa únicamente. No son objetos para exhibirse o satisfacer la curiosidad de algunos.

Para lavarlas se utilizará agua de pétalos de rosa, reservada como la última agua del lavado.

Las Siete Técnicas de la Extensión Terrenal

Estas Siete Técnicas, fueron enseñadas por el Maestro Ascendido El Morya.

De tal manera que aún se llevaban a los enfermos los paños o delantales de su cuerpo, y las enfermedades se iban de ellos y los espíritus malos salían.

Hechos 19:12

A) Colocar en presencia visual.

B) Arropar como una sábana.

C) Poner debajo como un cubrecama.

D) Doblar y usar de almohada.

E) Poner como un turbante.

F) Arreglar en forma de flores, serpientes, paquete, rocas, coronas, servilletas, etc.

G) Poner como lo que es: una Capa.

Con la excepción de la primera técnica, en todas las demás la Capa se coloca sobre la persona o el animal receptor. Una vez colocada, se procede ya con la intensión, ya con oración:

Amados Regentes de Siete Capas, ángeles y seres de luz, se les invoca para declarar a FULANO DE TAL: Ser de enfermedad no, Ser de Luz sí, rescatamos de ti toda dolencia de Salud, Dinero y Amor.

Ordenamos por la Ley Divina, Cósmica y Celestial. Imploramos por la Gracia. Que tu ser sea desalojado por las entidades y energías que no te corresponden.

De manera total y definitiva, que de todo mal seas libre, y sea sustituido por el bien eterno. Gracias Padre/Madre eterno, que nunca fallas.

Los Boosters

Un Booster, es primero que nada, una acción de **La Gracia Divina:** un empujón, un espaldarazo, un impulso espiritual, un aventón o cola en este vasto y largo camino evolutivo, nada hay que puedas hacer para *ganártelo*; el Booster no está regido por La Ley, sino por la entera e infinitamente amorosa voluntad del Padre/Madre quien así decide otorgarlos. Es, por tanto, un Regalo, un Gran Regalo de hecho. Tan profundo e inconcebible es el Amor Divino, que nos da incluso lo que no nos merecemos, este es un punto sobre el que todo sanador o no, debe reflexionar con seriedad.

Para recibir un Booster, el proceso es el mismo que para recibir el pase.

Es necesario tener otorgada al menos una capa para estar en disposición de recibir el Booster.

Siendo el mismo una transmisión espiritual, no es necesario estar conectado a plataformas como Zoom, Telegram u otro sistema de comunicación, ya sea digital o analógico. Solo esté receptivo a la hora acordada para la transmisión, tenga en cuenta las diferencias de horarios entre países.

A los futuros Transmisores de Siete Capas

Cualidades como un total desprendimiento o ausencia de deseos para hacerse un nombre o adquirir popularidad, son obligatorias.

Sanat Kumara

Si un gran Yogui aspira a la fama y al beneficio propio, pronto será atrapado por el mal.

Jetsun Milarepa

Su propia vanidad, los aleja siempre del camino correcto.

Yoga Vasishta

El hombre de sabiduría no expone su conocimiento, ni hace alardes para concitar la admiración de las masas. Los falsos iluminados son una diversión para el verdadero sabio. Los pretendidos iluminados quieren demostrar a la gente lo buenos que son para ser admirados por ellos, los sabios jamás hacen eso.

Maha Ramayanan

Pero, ¿desea acaso el artista guardar su ciencia para sí? Naturalmente que no.

Yasu Kishi

Los Regentes y Maestros

Sanat Kumara

Sanat Kumara: Fundador de la Gran Hermandad Blanca, su nombre en idioma sánscrito significa "El eternamente Joven". Es uno de los cuatro Kumaras de la tradición hindú.

Mencionado en escrituras tan antiguas como el Chandogya Upanishad, Hamsa Upanishad y por supuesto el Mahabharata, allí se le refiere como "El conocedor de todos los Dharmas y Shastras".

Cesa ya tu autoengaño, todo lo que ocurre sobre la Tierra es responsabilidad de quienes en ella habitan, en grados diversos pero ineludibles.

Sanat Kumara

Conocido también como el "Anciano de los Días" y el "Único Iniciador", Sanat Kumara es una entidad cósmica o *Gurúdeva* (Maestro Divino), responsable de la evolución tanto de humanos como de Devas.

Regente Planetario y uno de los Regentes de Siete Capas.

¡Cesa ya tu autoengaño! Sí la sinceridad está ausente, no importa el método, aunque practiques millones de años, la meta permanecerá inalcanzable.

Sanat Kumara 02/06/2020

Cesa ya tu autoengaño, no hay verdades nuevas, toda verdad es eterna, y faceta de la Verdad Última.

Sanat Kumara 13/11/2021

Donde hay sinceridad, el autoengaño es gloriosamente derrotado.

Sanat Kumara 12/02/2023

Si no compartes tus bendiciones con tus semejantes, pronto cesarán como cesa el flujo del agua estancada. Cesa ya tu autoengaño, la Luz Divina es inacaparable.

Sanat Kumara 27/09/2023

Gran Maestro Jesús el Cristo

Jesús el Cristo: Como figura central del Cristianismo, no necesita presentación. Es el mesías, redentor y profeta, un ser que trasciende épocas y creencias. Seguramente el personaje que más aparece como factor común, en las corrientes espirituales tradicionales y contemporaneas. Gran Maestro de la humanidad.

Quien no realiza su camino espiritual, en medio de restricciones, dificultades y escasez de recursos, incluido el tiempo, difícilmente lo hará en abundancia, mucho tiempo libre y facilismos de todo tipo, quien no recorre una distancia corta, difícilmente lo hará una larga, quien no puede administrar un puñado de granos, solo sueña si quiere administrar un granero entero, ¡cesa ya tu autoengaño!, ni más ni menos, pone en tus manos mi Padre, que es también el tuyo.

Gran Maestro Jesús el Cristo 02/04/2020

Madre María

Madre/Virgen María: Madre de Jesús el Cristo, madre de Misericordia, madre nuestra y madre de todos los seres. Protectora de las almas devotas a la oración. Guía amorosa y celestial en los caminos de la fe. Instructora de la ciencia sublime del Concepto Inmaculado. Su Capa Azul, plena de amor y protección divinos fue la primera en exponerse exotéricamente en el planeta, en bienestar de todo lo creado.

El Morya

El Morya: Uno de los Maestros Ascendidos de disciplina más estricta, la cual no afloja ni por un instante. Conocido como el "*Gurú Inexorable*", cuya firnmeza no cede jamás. Guardián del Santo Grial y por tanto Patrono de los Guardieros de 7 Capas, protector de los que custodian los dones divinos. Habiendo alcanzado el punto de la Ascensión, tras eones de recia disciplina, renuncia al mismo por amor a la humanidad, quedándose a establecer un lazo firme con el plano terrenal, lo cual explica porque es el Regente de la Extensión Terrenal de Siete Capas. Inspirador y patrono de la Utopías.

Madre María

Madre/Virgen María: Madre de Jesús el Cristo, madre de Misericordia, madre nuestra y madre de todos los seres. Protectora de las almas devotas a la oración. Guía amorosa y celestial en los caminos de la fe. Instructora de la ciencia sublime del Concepto Inmaculado. Su Capa Azul, plena de amor y protección divinos fue la primera en exponerse exotéricamente en el planeta, en bienestar de todo lo creado.

El Morya

El Morya: Uno de los Maestros Ascendidos de disciplina más estricta, la cual no afloja ni por un instante. Conocido como el "*Gurú Inexorable*", cuya firnmeza no cede jamás. Guardián del Santo Grial y por tanto Patrono de los Guardieros de 7 Capas, protector de los que custodian los dones divinos. Habiendo alcanzado el punto de la Ascensión, tras eones de recia disciplina, renuncia al mismo por amor a la humanidad, quedándose a establecer un lazo firme con el plano terrenal, lo cual explica porque es el Regente de la Extensión Terrenal de Siete Capas. Inspirador y patrono de la Utopías.

Cuando un estudiante está dudoso en cuanto a la realidad de la hueste angélica, todos sus esfuerzos para convencer a otros de menor luz de la realidad de los ángeles, tendrán poco efecto sobre las conciencias de aquellos que son escépticos e incrédulos.

El Morya

Saint Germain

Saint Germain: Maestro de la Capa Violeta, considerado el Avatar de la Nueva era. El guardián del conocimiento elevado. Referencia central obligada de la metafísica e innumerables sociedades secretas y grupos espirituales. Autor de la obra "La santísima trinosofía", cuya sabiduría resplandece como un faro en los caminos espirituales.

La arrogancia cierra todas las puertas hacia nosotros.

Saint Germain

Acepta que esta fuerza cambiante todo-abarcante es la Luz Divina, abandona la inercia de tu propio karma, refresca el riachuelo de tu corriente individual con la nutrida lluvia que cae de los Cielos, derribando los diques de las creencias limitantes, sobrepasando los obstáculos que antes dabas largos rodeos, arrastrando de cuajo los grandes peñones de la ignorancia, rebosando más allá de las orillas de tu personalidad ilusoria, ¿piensas por ventura, que una bendición puede ser limitada, retenida o apropiada particularmente?,¡que las Capas se extiendan sobre toda la Creación!

Saint Germain 09/05/2020

Mantente firme en no juzgar y la verdad será tu anfitriona donde quiera que vayas.

Saint Germain 28/11/2020

Día de las Siete Capas

Se ha establecido el 24 de Diciembre de cada año como el día de las Siete Capas, ajustándose en armonía con la fecha más extendida de celebración del nacimiento del Gran Maestro Jesús el Cristo. Es este día sagrado el señalado para el pase de 7ma Capa, es la única Capa con un día prefijado para su transmisión.

Este día especial, se realiza la meditación larga de las Siete Capas, aunque quien quiera hacerla en cualquier otro día del año, en solitario o en compañía, lo puede hacer perfectamente como práctica adicional.

En esta meditación, se procede en una secuencia de Capas, meditando en la preponderante en primer lugar, a continuación, en las otras que tengamos otorgadas, seguido de las que aún no tenemos, mediante invocación, y finalmente se culmina con las adicionales.

Por tanto, quien tenga más Capas adicionales realizará la meditación por más tiempo.

Se cierra con una acción de gracias, que no solo eleva el corazón en gratitud por el sistema de las Siete Capas, sino que extiende esa gratitud a todas las bendiciones otorgadas a la humanidad entera.

Técnicas Adicionales

Estás técnicas emergen como parte de la evolución del sistema, posiblemente con el trascurso del tiempo, surgirán otras, de manera similar a las flores que van brotando a lo largo de las estaciones del año.

Capturar: Se deriva de la técnica de envolver, consiste en utilizar la Capa como si fuera un saco con la boca abierta, atrapando la negatividad presente dentro, y una vez hecho esto, cerrarla dejándola atrapada en el interior, entonces la Capa va y viene al Sol, volviendo su contenido en pura luz. Esta técnica fue dada por las huestes angelicales, siendo un reflejo de su profunda sabiduría y amor hacia la humanidad.

El Puente: Técnica muy frecuente entre los Santos de occidente, y en varias historias épicas. En la mitología eslava, por ejemplo, Baba Yaga, obsequia a Iván el Loco (siglos XV-XVI) una "toalla" que puede convertirse en puente.

El Puente consiste en extender la Capa sobre el "piso" y caminar sobre ella hasta nuestra meta. Aquí el piso se entiende como un nivel vibracional, mientras que los fosos o despeñaderos, aquellos momentos o situaciones que nos harían "desbarrancarnos". La Capa, en este contexto, actúa como un puente espiritual que nos permite cruzar con seguridad y estabilidad.

La Balsa: Técnica sublime que consiste en colocar la Capa sobre al agua. Se refiere a mantenerse estable y sereno sobre los arranques emocionales que nos hacen naufragar en el vasto océano de los pesares. Esta técnica no solo proporciona equilibrio en medio del caos emocional, sino que también permite sobrepasar obstáculos astrales.

La alfombra: Otro de los obsequios que Baba Yaga, hace a Iván el Tonto: una alfombra voladora. Este es un elemento inmortalizado por los cuentos e historias del cercano oriente, particularmente en *las mil y una noches;* recibieron cierto favor oficial cerca del año 1213, cuando el príncipe de Torania las usó para atacar un castillo enemigo, colocando un escuadrón de arqueros sobre ellas.

En la narración anterior se describe claramente uno de los usos de esta técnica: Superar obstáculos sin importar su magnitud o naturaleza. Al desplegar la Capa como una alfombra, el practicante se eleva sobre las creencias limitadoras.

El Príncipe Ahmed recibe una alfombra mágica, con estas extraordinarias características: "Quien se siente en esta alfombra y desee con el pensamiento ir a un lugar, en un pestañar, será llevado allí, sea cerca o lejos, de muchos días de viaje y aunque sea de difícil acceso". Este poder se atribuye igualmente a la Capa de Merlín el Mago.

Aquí se refiere a la acción mental, para la cual no hay distancia ni impedimentos. En esta aplicación podemos visitar los retiros de los Regentes u cualquier Maestro Ascendido que deseemos. Visitar seres queridos en otros planos, y así abriendo puertas hacia dimensiones de amor, aprendizaje y reconexión espiritual.

En el relato de Aladino, este pidió al genio el siguiente deseo: "Tener una alfombra del más fino terciopelo dispuesta desde la puerta del palacio del sultán, hasta la puerta del aposento de la princesa, y así ella pueda caminar sobre la misma al abandonar el palacio del sultán. -Volveré enseguida -, respondió el genio; e inmediatamente, Aladino vio la alfombra que había ordenado desplegada por manos invisibles".

En este pasaje de la narración reconoceremos las acciones e interacciones de las capas, de manera idéntica a nuestra experiencia en el uso de este poderoso e inusual sistema, así como otra característica de Siete Capas: Son frecuentes los resultados inmediatos.

Otra aplicación de la alfombra, consiste en proporcionar un espacio sagrado bajo nuestros pies, donde podemos permanecer y actuar intocados por la efluvia astral. No debe confundirse con la aplicación similar usada para meditar en las Capas, pues su intención y propósito son distintos.

El Presagio: Aquí aplica alusivamente el carácter oracular de la Capa, por medio de la interpenetración con las mismas, y su percepción ante el ojo de la mente como cosa natural y normal.

La primera forma de presagio es similar al "automático". En este caso la Capa o Capas se activaran por sí mismas iniciando con una ligera vibración que terminaremos por reconocer, actuando contra cualquier peligro o fuerza maligna en lo inmediato.

En los Hadith del Islam, se relata cómo el Profeta podía recibir revelaciones divinas acerca del futuro mientras estaba envuelto en su Capa. De manera similar Cerridwen, la diosa celta de la magia transformadora, posee un manto que le permite ver el futuro y otorgar su conocimiento. Asimismo Los himatión utilizados por algunos profetas y videntes los acompañaban durante sus rituales proféticos, sirviendo como instrumentos espirituales que conectaban al portador con dimensiones superiores.

Para prever lo que ocurrirá en el futuro cercano hasta donde la Sabiduría Divina nos permita verlo, extendemos la Capa frente a nosotros como si de una cobija o pantalla se tratase, sobre la superficie de la Capa veremos las escenas como vistas desde un portal. Cada Capa, dependiendo de su color y atributos, es más efectiva en mostrar los diferentes futuros de cosas, situaciones o personas.

Además, Posicionando tal futuro apenas una fracción de segundo por delante, podemos percibir lo que ocurre en otro lugar. Igualmente siempre solo será mostrado aquello que nos sea permitido.

Preguntas

Esta sección de preguntas se ha ido expandiendo junto con el colectivo de sanadores de Siete Capas. Las he agrupado según la respuesta.

¿Cuándo recibo mi siguiente Capa?

¿Cómo saber si me toca otra capa?

No lo sé, ni tú tampoco. Aunque existe un Plan Divino, este no funciona como un calendario institucional. Insondables son los caminos divinos.

La respuesta directa es: Cuando Dios, por medio de los Regentes, así lo disponga en su ilimitada sabiduría.

La respuesta profunda es: Desecha inmediatamente, ¡Oh! Sanador, semejantes incógnitas, que solo refrenan tu desarrollo, ocupando un espacio en tu mente, que podrías perfectamente aprovechar para aplicar las capas y meditar en ellas.

Asemejase a un niño al que le regalan un trozo de torta, y habiéndolo consumido, se queda preguntando cuando le dan el otro pedazo, si será de la misma, si otros niños habrán repetido, de qué tamaño, y un largo etc. *los regalos no son obligaciones.* Es el Ego en su afán de obtener, acaparar, aborazar.

¿Los pases se anuncian por color o capa?

No es de esa forma como se hace. Los pases se anuncian según el número de la capa que será recibida, 1ra, 5ta y así.

¿Cómo se si el Booster aplica para mí?

El Booster es Gracia Divina expresada en ese pulso. Siendo un Booster de las Siete Capas, aplica para TODO sanador de 7 Capas, de manera similar al Sol, el Gran Sol que ilumina para todos, si eres un sanador de 7 Capas, el Booster siempre aplicará, pero es mandatorio y, esta es la parte que corresponde a La Ley, que cada quien exprese de manera activa su voluntad, su deseo de recibirlo.

¿Es necesario el Booster para obtener otra capa?

No, el Booster y el Pase de Capa son cosas distintas, aunque pertenezcan al mismo sistema y su origen en las dimensiones superiores sea el mismo.

No necesitas un Booster para obtener otra Capa. Pero sí por lo menos habérsete otorgado una Capa previamente para recibir los Booster.

¿Hay que dejar pasar un tiempo entre capa y Booster?

¿Cada cuánto se debe recibir un Booster?

Todo lo contrario. Si bien es cierto que no hay necesidad de apurarse, tampoco hay tiempo que desperdiciar o darle largas a las oportunidades preciosas que nos pone la vida al frente. Como clara demostración, el mes de febrero de 2024 hubo un Pase de Capa y, tan solo 20min después, tuvo lugar el primer Booster del Año. Esto habla por sí mismo. Ahora bien tanto el Booster como el pase no son previsibles, son de ciclo inexacto, nada en La Gracia Divina puede ser medido con humana agenda, y eso es perfecto pues obliga a no dormirse en los laureles, mantenernos en alerta y suprimir el terrible mal de la procrastinación.

¿Cuándo se puede pagar el Booster?

Es importante tener claro que no hay un pago por los Booster o los Pases de Capa. Se trata de un *emolumento sugerido,* ese es el nombre aunque decimos colaboración, aporte o incluso donación, no es obligatorio ni condiciona en lo absoluto el Booster. Grávense esta verdad a fuego en el corazón: *A la Luz Divina no la detiene el Dinero*, y tampoco a la muerte que es la otra cara de la vida, abandonen este terrible autoengaño.

El ejemplo más cotidiano es el de una situación de emergencia hospitalaria o enfermedad terminal: si es la Divina Voluntad que abandones este plano, todo el oro del mundo no lo cambiara, y si debes seguir aquí con buena salud, su ausencia tampoco lo impedirá.

Este aporte sugerido es totalmente voluntaria, e incluso ha habido quienes varían el monto, lo cual es perfectamente válido. Ahora, respondiendo a la parte más superficial de la pregunta, lo usual es hacer el aporte antes, o el mismo día, es lo que hace la mayoría, y alguno que otro en los días subsecuentes. Si piensas que no vas a recibirlo por no tener en el mismo momento el monto del aporte (muy bajo por demás), no es otra cosa que tu Ego inventando obstáculos donde no los hay.

¿Cómo se recibe un Booster?

Se recibe igual que un Pase de Capa. Refiérase al capítulo correspondiente.

Si no estoy en la casa a la hora dada para el Booster, ¿cómo hago?

No se trata de un sitio físico en particular para que la Luz Divina descienda en ti; lo realmente esencial es tu estado y aCtitud adecuados. El resto de condiciones externas tales como sitio, ruidos o ambiente, son enteramente secundarias y no pueden impedir para nada que la Energía Divina actué en ti. Solo tu libre albedrio puede hacer eso, expresado a veces con el cuerpo, cuando nos cruzamos de piernas, brazos o dedos, lo que se conoce como "cerrarse".

¿El Booster produce alteraciones?

El Booster no produce alteraciones solo cambios, y estos son siempre positivos y para un bien mayor, aunque en situaciones karmicas muy puntuales no puede parecerlo de buenas a primeras, por ejemplo, a nadie le agrada el vómito y sin embargo es algo muy bueno para sacar del cuerpo lo que no tiene que estar allí. De igual manera a nadie le gusta que rompan el piso de su casa, pero puede ser necesario para destapar una cloaca, y así. La palabra adecuada es cambios y mejoras, alteraciones es más de carácter peyorativo. En todo caso el Ego estaría viendo alterado su reinado y señorío de largos eones.

¿Es posible cobrar por las aplicaciones de las Capas?

Es una gran pregunta, la forma indicada por los Regentes para esta actividad es, como bien sabemos, el *emolumento sugerido*, es decir no es obligatorio, esto es válido para el Pase, el Booster y las aplicaciones o tratamientos.

Cuando las Capas son aplicadas en conjunción con otras técnicas o sistemas que sí tienen un costo establecido, estas quedan absorbidas en dicho pago. Es decir no es posible incrementar el costo de una sesión por el hecho de que también serán usadas las Capas.

Por otro lado pueden tener montos fijos, las clínicas, charlas, coach personalizado, talleres y materiales asociados como libros y guías, pues su naturaleza y costos asociados suele ser tal.

Se me olvidó hacer el compromiso diario, ¿qué debo hacer?

En ese caso debes hacerlo una vez por cada una que hayas olvidado. Es lo mismo en caso de que dudes sí lo hiciste o no: ante la duda, ¡Hazlo! En esos casos asegúrate de hacerlo por cada "pendiente" más el de ese día. Demás está decir que tal recurso no debe ser una excusa para dejar para después lo que debe ser hecho hoy. La constancia es fundamental.

Si por alguna razón, el compromiso diario o la meditación, queda por la mitad, ¿Puedo completar el resto en otro momento?

No, no es así, no funciona de esa manera, si por la razón que sea -distracciones internas o externas- la practica queda incompleta, debes retomar de cero en cada ocasión, exactamente como si no hubieras hecho nada previamente.

Es lo mismo si sientes que "algo" faltó, o se te enredan la lengua o los pensamientos. En este y otros casos similares, debes siempre arrancar de cero.

Apéndice de Santos y Capas

Nos daremos el gusto, de ver reflejado en estas obras de arte pictórico y extractos hagiográficos, Santos, Profetas y Capas como protagonistas, sin desdecir de otros Atributos Divinos. Veremos las Capas resaltando como protagonistas tanto de milagros como de las más altas virtudes.

Para la interpretación de estas historias, sirva de orientación la siguiente simbología:

Agua = Representa el plano astral.

Pozo = El bajo astral.

Sobre el Agua = Indica el plano Mental.

Aguas desatadas = Reflejan el caos Emocional.

Tormenta = Representa el caos emocional y mental.

Autoridades = Son las autoridades y leyes del Plano terrenal.

San Julio de Orta

San Julio de Orta: La isla de Orta era un lugar inhóspito, infestado de serpientes y monstruos terribles, hasta que, en el año 390d.C. llegó San Julio, atravesando las aguas del lago sobre su Manto y guiado por su bastón bajo una tormenta. Llevaba la Capa como parte de su vestimenta diaria. Existen leyendas que narran cómo, en momentos de necesidad, la capa de San Julio se convirtió en un manto de protección para los fieles.

San Martin

San Martín de Tours: La leyenda más famosa en torno a su vida sucedería en el invierno de 337. Estando Martín en Amiens, encentró cerca de la puerta de la ciudad a un mendigo tiritando de frío, a quien da la mitad de su capa, pues la otra mitad pertenecía al ejército romano en que servía. En la noche siguiente, Jesucristo se le aparece vestido con la media capa para agradecerle su gesto.

Se narra que iba a Aosta, pasando por Ivrea, solicitando a los ciudadanos que le dieran hospitalidad, y estos se la negaron. Entonces el Santo extendió su Manto sobre el río Dora, el cual lo transportó hasta las cercanías de Anzasco en donde fundó San Martino.

En otra ocasión, estando en la provincia de Borgoña y queriendo destruir un templo pagano, una muchedumbre se le opuso. Uno de ellos espada en mano, fue a herirlo, San Martin sin inmutarse, echó el Manto y ofreció el cuello desnudo a su atacante, el impío brazo se alzó para tal fin, pero en ese instante cayó de espaldas a la vista de todos. Asombrado y despavorido, se postró a sus pies, pidiendo perdón.

San Juan Xenos

San Juan Xenos: Conocido también como San Juan el limosnero. Se cuenta que habiendo naufragado su nave en la isla de Gaudos, llegó a Creta usando el Manto como embarcación y vela, y el bastón como palo de la misma.

Se cuenta que, en una ocasión, se encontró con un hombre que no tenía ropa adecuada para abrigarse. Para ayudarlo, San Juan le dio su propia capa, mostrando su dedicación a la caridad.

San Alberto de Génova

San Alberto de Génova: Filosofo, teólogo y científico. Estando en la costa de Sestri, lanzó su Capa sobre las olas elevando una oración al Señor para que lo llevara adonde Él quisiera. La Capa se dirigió a las cercanías de la parroquia de Santa María Assunta de Sestri Ponente. Allí recogió su Capa y, apoyándose en un Bastón, siguió su camino, hasta llegar a un lugar desierto que eligió como su morada.

En otra ocasión, San Alberto se encontraba con otros Monjes en una barca de pesca. Al ver como la pesca era infructuosa, Alberto pidió que le acompañaran a tierra para acudir a la mesa del monasterio. Sin embargo, dado que los monjes se negaron a dejar de pescar, el Santo extendió su Manto sobre el mar, se subió y retornó a la orilla.

San Gerardo de Tintori

San Gerardo de Tintori: Durante una hambruna, el Santo quiso llevar comida a unas familias que vivían al otro lado del río Lambro, y no teniendo ni barcos ni balsas, extendió su Manto sobre el agua, transportando a través del río los suministros que llevaba.

En otra oportunidad, mientras Gerardo se encontraba rezando en la Catedral, el río Lambro creció de manera imprevista, destruyendo el puente que conectaba a la ciudad con el hospital. El hospital mismo corrió peligro de verse inundado, Gerardo corrió de inmediato, extendió su Capa, se subió a ella y cruzó el río, llegó a donde estaban los enfermos, y le ordenó a las aguas que no entraran a las habitaciones de los enfermos, las aguas obedecieron y se detuvieron en los umbrales durante horas, aun cuando los superaban en unos 20cm.

San Raimundo de Peñafort

San Raimundo de Peñafort: Un día, el rey Jaime I quiso que el santo lo acompañara a la isla de Mallorca, donde se refugiaban los judíos expulsados de la península. Al descubrir una treta del monarca, Raimundo quiso retornar a Barcelona. Pero Jaime I había prohibido a todas las embarcaciones que lo llevaran a bordo. Por lo que él puso su Manto sobre el mar, se subió y en tan solo seis horas hizo las 160 millas que lo separaban del convento, en el que entró, cerrando las puertas tras de sí.

Santa María de la Cabeza

Santa María de la Cabeza: María Toribia soñaba cada noche con la Virgen María, quien conseguía cruzar el río Jarama, extendiendo su purísimo manto sobre las aguas.

La tradición dice que se separó de San Isidro, para dedicarse ambos a la vida contemplativa, volviendo a su Jarama natal, para cuidar de la ermita de la Piedad. Aquí, sigue la tradición, tuvo que sufrir las calumnias de algunos vecinos, que la acusaban injustamente de cometer adulterio, y estas habladurías llegaron a oídos de Isidro, quien decidió comprobarlas por sí mismo. Isidro contempló a escondidas a su mujer cruzando el río Jarama, de manera milagrosa, sobre un manto, convenciéndolo así de su inocencia y pureza.

Esta capa puede estar decorada con motivos que representan su conexión con la naturaleza y la agricultura.

Santa Trofimena (Febronia) de Menori

Santa Trofimena de Menori: Era hija de un noble, que quería darle un matrimonio forzado, la muchacha prefirió huir de su hogar, pero su progenitor la persiguió hasta el río Bocca. En donde la hirió mortalmente, logrando escapar en un último acto milagroso al tender su Manto sobre las aguas, y navegó sobre el hasta la otra orilla, y fue allí donde finalmente falleció, dejando un testimonio de valentía y entrega espiritual que perduraría en la memoria de los fieles.

San Conrado Confalonieri

San Conrado Confalonieri: Después de haber tenido algunas discusiones con los toscos habitantes de Malta, decidió dejar aquella isla viajando por el mar, confiando en la providencia, sobre su Capa de peregrino y penitente, usándola como embarcación, y así llego a Sicilia.

San Miro de Canzo

San Miro de Canzo: Al sentir aproximarse su hora final, a los 45 años, marchó desde Canzo a Ono. Una vez allí cruzó el lago a Madello usando su Capa como embarcación.

San Gil Abad

San Gil Abad: Según la tradición, era ateniense por nacimiento, durante los primeros años de su juventud, devolvió la salud a un mendigo enfermo, en virtud de haberle cedido su Capa, tal como había sucedido con san Martín.

San francisco de Paula

San Francisco de Paula: El lienzo narra el memorable milagro que ocurrió el 4 de abril de 1464. Habiendo llegado San Francisco de Paula con dos religiosos suyos a Catona, con destino a Messina, le pidió a un barquero, de nombre Pedro Coloso, que les cruzara el estrecho por caridad, pues los religiosos mínimos no llevaban dinero, debido a su voto de pobreza. El barquero se negó a llevarles sin cobrar, entonces Francisco se arrodilló, hizo oración ferviente, trazó la señal de la cruz sobre el mar y quitándose el Manto, lo extendió sobre las aguas, ante el estupor de todos. Entonces subió a él junto con sus frailes y con buen viento cruzaron a la otra orilla.

San Mael Ruain

San Mael Ruain: Reconocido como instaurador de la vida monástica y el culto divino. Cuenta la leyenda que tenía una Capa, con la que cubría a la gente del campo cuando caía una nevada de improviso, y cabían bajo la capa setecientas setenta y siete personas.

Gesualdo Melacrino de Reggio

Gesualdo Melacrino de Reggio: En una ocasión en que tenía que predicar la Cuaresma en Messina, fue acompañado con fray Mansuato a una playa cercana a Catona para embarcarse. Pero el mar estaba picado y los barqueros no querían hacerse a la mar. Ante esta situación desplegó su Manto sobre las aguas, diciéndole a Fray Mansuato que lo siguiera y ambos se echaron al mar sobre la Capa, y llegaron a la otra orilla en un breve lapso de tiempo.

San Prudencio

San Prudencio: A los 15 años, sintiendo el divino llamado, se fue al monte Zaldiaran para entregarse a la contemplación y el ayuno. En su camino, al llegar al río Duero extendió su Capa sobre el mismo cruzándolo sin mojarse.

Santa Mustiola

Santa Mustiola: La tradición dice que, un pelotón de soldados enviados por el emperador Aureliano, le salió al paso para capturarla. Pero ella escapó asustada, llegando a las orillas del lago de Chuisi, al ver que el agua le cortaba el paso, se arrodilló y oró con fervor por la ayuda divina, entonces se le apareció un ángel del Señor, y le indicó que echase su Manto sobre el lago y lo usara para cruzar, y así lo hizo llena de Fe, llegando hasta el otro lado, dejando una estela luminosa por su recorrido.

San Diego de Alcalá

San Diego de Alcalá: Es representado ocultando algo en su Manto, es un mercado para los pobres, fue portero en varios conventos, y regalaba a los pobres y necesitados todo lo que encontraba. Se cuenta que un día en que llevaba un mercado para un mendigo, se encontró con un superior que era muy bravo. Este le preguntó que llevaba allí bajo la Capa, Diego muy asustado le respondió que llevaba unas rosas, y al abrir el Manto, solo aparecieron rosas y más rosas.

Santa Zita

Santa Zita: Era una humilde doméstica, un día en pleno invierno, con temperaturas varios grados bajo cero, la Sra. de la casa le prestó un Manto para que fuera al templo a oír misa. Pero al llegar, en la puerta del templo encontró un pobre tullido de frio y se lo dio para que se abrigara. Al volver a casa fue terriblemente regañada por haber dado aquella tela. Poco después apareció en la puerta de la casa un Ángel del Señor, a traer un hermoso Manto de lana como señal divina.

San Jacinto de Polonia

San Jacinto de Polonia: Patrono nacional de Polonia, su vida está marcada por milagros de fe. Un día, mientras llevaba el Evangelio a los habitantes de Wisgrado, vio el río Vístula crecido, los puentes rotos y los barqueros negados a cruzar a nadie. Jacinto invocó a Cristo y puso un pie sobre las aguas atravesándolas milagrosamente. Al llegar al otro lado, vio que los 3 religiosos que le acompañaban se habían quedado en la otra orilla, se despojó de su capa, la extendió sobre las aguas, animándoles a subir sobre ella. Confiando en él los tres religiosos se subieron sobre la Capa, que se deslizó sobre las aguas y pasaron el río sanos y salvos.

Bernardo de Ofida

Bernardo de Ofida:

Pareció bien al enfermo el consejo de su hermano, y deseo que le llevasen el Manto que el Beato Bernardo de Ofida, usaba en vida. Se le llevó y él se lo puso con mucha fe. Hallábase entonces el enfermo atormentado de desvelo, y en la mayor fuerza del mal, habiendo ya recibido el Viatico, y próximo a recibir la extrema unción, en suma en estado de moribundo. Pero el aplicarse el Manto milagroso, y faltar los funestos síntomas de muerte, fue la misma cosa. Cesó la funesta vigilia, se adormeció sosegadamente, y el que había de ser sueño de muerte lo fue de vida...

El Sacerdote Don Joshep Janni de Castellón se había vuelto maniático, y por estar furioso y frenético estaba encerrado, no sin temor de los de la casa. Suplicaron a los capuchinos de Ofida que llevasen alguna reliquia de Bernardo, y en efecto llevaron el Manto que había usado. Cuando entraron los padres en el cuarto del enfermo, se hallaba este en una accesión de furia. Tal que cuatro mozos robustos apenas podían sujetarlo. Pero apenas vio delante de si, el milagroso Manto, que cual si fuese la Capa de Elías, volvió en sí de repente, como de un profundo sueño, se paró y avergonzó de sus extravagancias, y pidió humildemente perdón

Vida del Beato Bernardo de Ofida
Valladolid

San Elías del Monte Carmelo y Eliseo

San Elías y Eliseo: Profetas del siglo IX a.C.

Sabiendo ya Elías como Dios quería llevárselo al Paraíso, partió su amado discípulo Eliseo al convento de Galgala, y de allí a Bethel, donde acompañado de cincuenta monges, llego Elías al Jordán con Eliseo: Se quitó la melota o Capa, doblándola hirió con ella las aguas, que obedientes a su presencia y santidad, se dividieron; Con que no solo dejaron el paso franco, sino seca y enjuta la madre, mostrando en una acción dos milagros. Pasado el Jordán, encargó a Eliseo, el cuidado y observancia de su religión, y le ofreció que desde el lugar en que el Señor le colocase, pediría por su duración y aumento. Por fin, le dijo le pidiese cuanto quisiese, que se lo concedería con gusto. Eliseo solo le pidió su espíritu doblado; y aunque se le hizo dificultosa la petición, se la concedió. En esto vino el carro de fuego, en el que Elías subió a los cielos, triunfante, y Eliseo lleno de dolor, le miraba y decía: Padre mío, padre mío, carro de Israel y carretero suyo. Así lamentaba Eliseo la ausencia de su santo padre, cuando perdiéndole de vista vio que le arrojaba su Capa o melota, y en ella su espíritu doblado, y con cuya prenda se volvió al Jordán: Y habiéndole dado también paso milagrosamente, dividiéndose otra vez sus aguas al contacto con la Capa, los cincuenta hijos de los profetas o monges, que a la otra orilla le esperaban, viéndole venir con la capa y espíritu de su maestro Elías, le adoraron por su sucesor y admitieron por prelado.

La leyenda de oro para cada día del año

volumen dos

San Ángelo

San Ángelo:

...Pero ella con importunos ruegos y repetidas lágrimas, hizo traer a su presencia al difunto, que había dos días que lo era; y era tanta la fe, que solo pedía tocase el cuerpo con la punta de su capa, fiada en que solo con tocarla había de resucitar su hijo. Enternecieron el corazón del santo los ruegos de la mujer, y los demás ayudaron con sus ruegos y lágrimas, hizo san Ángelo oración y aplicando la Capa al difunto, al instante se levantó vivo, con admiración de todos los circunstantes.

Así la capa de Ángelo, que se había dejado en Belén (...): obró tantos milagros, que no solo sanaba enfermos de varias enfermedades, a quienes la aplicaban como sagrada reliquia, sino es que resucito siete muertos.

La leyenda de oro para cada día del año,

volumen dos

San Antonio de Padua

San Antonio de Padua: Una vez durante un viaje hacia Roma, se encontró en el camino con un pobre que estaba desabrigado y desnudo, y movido de compasión le dio su Capa de fraile. Al llegar a Roma, se dieron cuenta que llevaba otra Capa muy buena, sin poderse entender de donde la había sacado o quien se la había dado, y así se entendió que se la habían enviado del Cielo.

San Timoteo

San Timoteo:

Había en los confines de Bureja, una cueva, de la cual salía con frecuencia un enorme y formidable dragón, que paseándose por toda la comarca, causaba frecuentes y deplorables estragos en sus habitantes. El temor y la consternación se habían apoderado del país, cuando llegó a oídos de Timoteo la noticia de aquella calamidad, se fue a donde acostumbraba salir el dragón, y viéndole venir hacia sí, se postró en tierra, oró fervorosamente al Señor, y levantándose cuando ya la fiera iba a embestirle, le tiró su capa, y quedó el monstruo muerto en el mismo acto.

La leyenda de oro para cada día del año,

volumen dos

San Jacinto de Cracovia

San Jacinto de Cracovia:

Yo solo referiré aquí lo que aconteció cuando fue a predicar a la provincia de Kiow, y fue, que yendo a Visogrod, ciudad de aquel ducado, que está puesta sobre un río caudaloso y no teniendo barco en que pasarle, con el deseo grande de llegar a la ciudad a tiempo que pudiese predicar; viendo que no había otro remedio, se quitó el santo la Capa, y tendiéndola sobre el río, pasaron él y sus compañeros sobre ella como si fuera barca.

La leyenda de oro para cada día del año,

volumen dos

San Alejo

San Alejo: En aquella ocasión, entró Eufemiano al oscuro y lóbrego aposento, en el que San Alejo yacia tendido en el suelo, cubierto el rostro con su humilde Capa. Al descubrirlo, salió de él un gran resplandor, y se veía hermoso como un ángel, dándose cuenta Eufemiano que San Alejo estaba difunto.

Santa Rosa

Santa Rosa:

Supo que una pobre y virtuosa doncella, no iba a misa por falta de Manto, y enviola uno de dos que tenía su madre, y echando esta juicios de quien le habría quitado el Manto, confesó Rosa el hurto y la causa; y conformándose la madre, la envió Dios después otro Manto y algunos buenos socorros de donde no podía esperarlos.

La leyenda de oro para cada día del año,

volumen dos

San Epifanio

San Epifanio:

Echo muchos demonios de los cuerpos, dio vista a los ciegos, salud a los paralíticos, vida a los muertos, y aun muerte a los vivos, porque habiéndose concertado dos burladores y hombres perdidos, de fingir uno que era muerto y el otro de pedir limosna para enterrar al difunto, a san Epifanio que pasaba por un camino para hacer escarnio de él, el santo se quitó el Manto que llevaba, y se lo dio para que le amortajase, y cuando su compañero le llamó haciendo burla de él, como de hombre simple y engañadizo, halló que estaba de veras muerto, el que estando vivo lo había fingido.

La leyenda de oro para cada día del año,

volumen dos

San Florencio

San Florencio:

Al llegar al palacio, una hija del rey, ciega y muda desde su nacimiento, de repente vio y habló, llamando a Florencio por su nombre, siendo así que todos le ignoraban. No fue solo este prodigio, porque subiendo el santo a ver al Rey a su cuarto, como no tenía criado que le guardase el manto o capa, mientras entraba a hablar al rey (cortesía entonces usada), se quitó su Capa y la colgó de un rayo de sol que entraba por una ventana; la cual se estuvo colgada, como si estuviera de una estaca o clavo todo el tiempo que estuvo con el Rey hablando.

La leyenda de oro para cada día del año,

volumen tres

San Juan Cancio

San Juan Cancio:

> *Al acercarse el invierno solía proveer de vestido y de calzado en cuanto le permitían sus fuerzas a las personas que se hallaban faltas de él, a fin de defenderlas del frio, que suele ser rigurosísimo en el país septentrional de Polonia; y algunas veces, encontrando algún pobre descalzo, le daba su propio calzado y él se volvía desnudo de pies a su casa, dejando caer la Capa hasta la tierra, a fin de que su mortificación y misericordia no fuese conocida.*

La leyenda de oro para cada día del año,

volumen tres

San Francisco de Asís

San Francisco de Asís:

> *Y así, estando el santo cubierto por una Capa (por estar enfermo), encontró un día en la calle un pobre y le dio la Capa, y porque su compañero le iba a la mano, le dijo: Yo me tendría por ladrón delante de Dios, sino diese esta Capa al más pobre.*
>
> *Siendo aún seglar, en oyendo el nombre de amor de Dios, sentía en su corazón un jubilo espiritual y maravilloso, era muy manso, paciente y tratable, que era indicio de lo que después había de ser. En aquel mismo tiempo había un hombre en la ciudad de Asís muy simple, el cual cuando encontraba a San Francisco se quitaba la Capa y la echaba a sus pies para que pasase sobre ella, y decía que Francisco era digno de grande reverencia, y que presto haría cosas grandes y sería muy honrado de todos los fieles.*
>
> La leyenda de oro para cada día del año,
>
> volumen tres

Estando en Celle di Cortona. El bienaventurado Francisco llevaba un manto nuevo que, con mucho empeño, habían procurado los hermanos para él. Llegó un pobre lamentándose de la muerte de su mujer y de la orfandad en que quedaba su familia. Le dijo el santo: "Te doy, por amor de Dios, este manto con la condición de que no lo des tú a nadie, si no es a buen precio".

Los hermanos, se presentaron rápidos al momento con ánimo de quitarle el manto e impedir semejante donación. Pero el pobre, sacando las uñas, lo defendía como cosa que ya le pertenecía. Por fin, los hermanos rescataron el manto, y el pobre se fue una vez que le dieron su precio.

Fray Juan de la Cruz

Juan de la Cruz: A los 12 años, asumió la capellanía del hospital de Medina del Campo, con cumplido desempeño y raro ejemplo propio. Al poco tiempo de estar en aquel lugar y andando ensimismado en sus pensamientos, cayó accidentalmente en un pozo profundo que estaba en el patio del hospital. Entre gritos y espanto llegaron algunos a la boca del pozo, solo para ver a Juan sentado tranquilamente sobre las aguas. Le lanzaron una soga para rescatarlo, y salió muy alegre, al preguntarle cómo no se había ni ahogado ni tan siquiera mojado, respondió que una hermosísima señora lo había recibido en su Capa y lo sostuvo sobre al agua todo el tiempo.

Otro día yendo con el hermano Pedro de la Madre de Dios, desde Baena a Jaén, debían pasar un río. Al llegar al vado, estaba tan lleno que ni siquiera los arrieros se atrevían a cruzarlo. Juan quiso quedarse con ellos en la orilla, pero inspirado por el Señor, le dijo a Pedro que se quedara y él con el jumentillo se adentró al río, al poco trecho tropezó la montura, y viéndose en peligro el santo padre llamó a la Santísima

Virgen, la cual acudiendo a socorrerlo, lo asió por las puntas de la Capa, y le llevó sobre las aguas hasta dejarlo en la orilla opuesta, con gran admiración de los que lo miraban el milagro.

Santa Teresa de Ávila

Santa Teresa de Ávila: Después de superar muchas dificultades, fundó el convento de Ávila, para cuya fundación le animó muchas veces Jesucristo, al terminarlo, vio a Cristo poniéndole una corona como premio a su labor, después contempló a la Virgen María en toda su gloria, revestida de un Manto Blanco, bajo el cual la amparaba junto a todas sus monjas.

En otra ocasión, observó a la Virgen a su derecha y San José a la izquierda, vistiéndola con una Capa de mucha blancura, con lo que se entendía que ya estaba limpia de todo pecado.

San Theobaldo

San Theobaldo:

Caminaban juntos Teobaldo y Félix por el campo en tiempo de frio; salió del bosque un pobre desnudo, temblando y tiritando de frio y les pidió limosna. Le Pregunto Teobaldo: "¿Qué quieres que te dé?". Respondió: "Esa Capa". Se la dio gustoso preguntándole si quería otra cosa, y respondió: "Ese capote", y habiéndosele dado, viendo su grande liberalidad, le pidió el jubón y las medias, y hasta los guantes de las manos y los anillos de los dedos y collar de la garganta. No le quedaba más que el sombrero, fue a tomarlo el pobre y le detuvo Theodobaldo, diciéndole con donaire: "Eso no, que descubriréis la calva y se reirán de mi". Luego desapareció el pobre, dejando allí los vestidos; y reconocieron los dos, tío y sobrino, que el pobre había sido ángel del Señor, o el mismo Señor que había venido a experimentar su caridad; e hicieron voto de no negar limosna a ningún pobre que se la pidiese por amor de Dios.

La leyenda de oro para cada día del año,

volumen tres

San José de Cupertino

San José de Cupertino: Grande fue la admiración de los religiosos del convento y de los habitantes del pueblo de Cupertino, cuando vieron que el bienaventurado José, vestido de Capa pluvial para asistir a una procesión de la fiesta de San Francisco, salió volando desde el centro de la iglesia hasta el pulpito, a una altura de quince palmos, y se quedó en el borde del mismo por largo espacio de tiempo, extático y maravillosamente arrodillado en el aire, inmerso en profunda contemplación.

San Juan de la Cruz

San Juan de la Cruz: Fundador de varios conventos, incluido el de Caravaca, pero el primero fue el de Córdova. Durante la construcción de la parte de la iglesia, mientras derribaban una pared vieja, esta se derrumbó por completo sobre la celda en la cual se encontraba Juan, aplastándola toda, seglares y religiosos lo dieron por muerto, y fueron a desenterrarlo. Al remover los escombros, estaba alegre, sereno e ileso en una esquina, al preguntarle cómo fue posible, respondió que la de la Capa Blanca, milagrosamente le había librado de aquel peligro mortal.

Nuestra Señora de Guadalupe

Nuestra Señora de Guadalupe: Se apareció por primera vez la madrugada del 9 de Diciembre de 1531, el indio Juan Diego iba a la Iglesia de Santiago de México, coincidió el alba con su paso por el pie del monte Tepeyapac, allí oyó un coro que venía de una nube clara y resplandeciente coronada por un arcoíris, embelesado como estaba, escuchó su nombre y subió corriendo encontrándose a su majestad celestial, la cual le dijo que en aquel lugar debía ser erigido un templo a su nombre. Fue Juan Diego a relatarle el mensaje al primer obispo de México, quien no le dio crédito del todo, así que regresando a Tolpetlac halló de nuevo a la Virgen quien le mandó decir al obispo que era ella quien le enviaba. Esta vez el prelado le prestó mayor atención y le pidió que volviera de nuevo con pruebas para confirmar el mensaje; volvió el indio a hallar a la Virgen y le pidió lo que el obispo quería, a lo que le respondió que pasara por ellas al día siguiente.

Pero al llegar a casa encontró a un tío enfermo de fiebre maligna, y no pudo acudir a la cita, pues dedicó el día completo a atenderlo, al siguiente día al pasar al pie del monte, recordó su falta y avergonzado tomó otra ruta, pero en ella encontró también a la Virgen, se excusó la falta con la enfermedad del tío, pero Nuestra Señora le dijo que ya estaba sano y que subiera a la cumbre del Tepeyamac y cortará las rosas que allí encontraría, recogiéndolas en su Capa. Así lo hizo Juan Diego aun sabiendo que en aquel peñasco no había rosas ni flores de ningún tipo, halló un hermoso vergel de rosas de olor, cortó todas las que pudo metiéndolas en la capa en forma de saco, y se las entregó postrado a la virgen, la cual volviéndolas a meter en la Capa, le mandó que las llevara al Obispo como prueba. Llegando donde el obispo le dijo que tenía las señales pedidas y al desplegar la Capa, salieron las rosas y quedó estampada en ella la imagen de todos conocida.

San Edmundo

San Edmundo: El sumo pontífice de aquel momento, tuvo noticias de los prodigios, erudición, santidad y otros atributos de Edmundo, al punto que lo envió a Francia para predicar la Cruzada, lo cual realizó con gran éxito y nutrido de milagros que confirmaban su prédica. En una ocasión vino un mancebo a tomar la cruz que predicaba, una mujer le tiro con fuerza de la Capa para impedírselo y se le secó la mano. Arrepentida, reconociendo y confesando su culpa, y tomando con dicha mano la cruz que cargaba San Edmundo, la mano se le sanó.

Santa Bárbara

Santa Bárbara: Es venerada como intercesora poderosa en momentos de peligro. Se cuenta que en la villa de Gorco, vivía un hombre muy devoto de esta virgen, habiendo entendido que quien le fuera fiel en vida, no moriría sin recibir los santísimos sacramentos.

Una noche, mientras dormía, se desató un voraz incendio en la casa, al intentar escapar, se vio cercado por las llamas y encendido su cuerpo. Pero más pena le daba morir sin sacramentos que el hecho mismo de morir de forma tan espantosa. En su desesperación, invocó a Santa Bárbara, suplicándole no que no muriera, sino que no muriera sin los sacramentos de la Iglesia. Apareció la virgen, en medio de las llamas, apagándolas con su Manto, y lo llevó a un lugar seguro, concediéndole un plazo adicional de vida, hasta la mañana siguiente, tiempo en el cual pudo confesarse, comulgar y recibir la extremaunción, antes de partir en paz.

San Pedro de Alcántara

San Pedro de Alcántara: Era frecuente que ardiera en el fuego del amor divino, experimentando éxtasis que trascendían los límites del cuerpo humano. En una de esas ocasiones estaba tan abrazado, que se lanzó en un estanque helado, donde no solo deshizo el hielo, sino que hirvió el agua. Era de invencible paciencia, y extrema austeridad, hacia una sola comida cada tres días, solo dormía hora y media, y eso en el duro suelo, solía ponerse en oración en los campos mientras llovía o nevaba, en tiempos de invierno abría ventana y puerta de su celda, y se quedaba de rodillas hasta quedar pasmado del frio, entonces cerraba la ventana y le decía a su cuerpo: "Bien te regalas cuerpecillo, pues cierro la ventana porque no sientas frio", al rato cerraba la puerta y decía lo mismo, luego se ponía el Manto y le decía "Ahora, hermano cuerpo, bueno estás y acomodado, bien puedes perseverar en la oración". Su vida fue un testimonio de entrega total, mortificación y amor absoluto a Dios.

Mahoma [A]

Mahoma: Fundador del Islam. En una ocasión Mahoma cubrió a su nieto, Hasan, con su manto mientras estaba enfermo, y el niño recuperó la salud. En otra ocasión, cubrió a un grupo de personas con su manto y recitó oraciones, y todos fueron protegidos de un ataque enemigo, convirtiendo su manto en un refugio y bendición divina.

Apéndice de Poesía

No podía faltar...

Repetí estas palabras: "Valme Santa María".
Luego ella prestamente, me acerco un buen paño,
era paño de precio, nunca vi otro tamaño,
me lo echo por encima, dijo: "No tendrás daño;
piensa que te dormiste o tomabas un baño"

El náufrago salvado – Los milagros de Nuestra Señora. -Gonzalo de Berceo.

...Vino Santa María con su hábito honrado...
Se colocó entre medio del Monje y el Pecado,
el Toro tan soberbio fue al instante amansado.
Lo amenazó la Virgen con la falda del Manto...
Lo hizo huir desterrado, con temor y con llanto.

El Monje Embriagado – Los milagros de Nuestra Señora. - Gonzalo de Berceo.

Siete Capas son...
Siete Capas de Sanación,
Siete formas de Amor,
Siete pasos de Transmisión.
Regalo del Creador,
cada una en su Color,
todas en Resplandor,
en Bienestar de la Creación,
Multicolor Bendición...

Madre María
tonada de las Siete Capas

Notas

[1] El Rey les responderá: "En verdad les digo que en cuanto lo hicieron a uno de estos hermanos Míos, aun a los más pequeños, a Mí lo hicieron" Mateo 25:40

[2]Este "olvido" se debe a dos causas: la diferencia vibracional entre el estado onírico y el estado consciente, especialmente si el despertar ocurre bruscamente, o la experiencia vivida asume la forma de "semillas" karmicas. A medida que la sensación de dualidad entre ambos estados se reduce, el sueño se vuelve vigilia y la vigilia sueño.

[3]Palabra de cariño que significa: Tierra habitada por Gochos, en breve Mérida, Táchira y Trujillo en Venezuela, y por extensión Los Andes, el Himalaya de América.

[4] En nuestro caso, Manto equivale a Capa, siendo Capa, como he indicado, el término Criollo. Con lo que se reafirma, una vez más, la validez de la Sabiduría Criolla para quien quiere verla.

[5] *Ad ibídem*, profeta o enviado.

[6] Manto deriva del griego antiguo Mantis (μανδύα) que significa vidente o profeta, en protolengua es pensar. En latín esta emparejado con palabras como Mantel y Manta, ambos con características similares: cubren, protegen y dan otro aspecto.

[7] Líder de "The Summit Lighthouse".

[8] En orden secuencial: Azul, OrO, Rosa, Blanco, Verde, OrO-Rubí y Violeta.

[9]Este Mudra y todos los del mismo grupo son de lo más fácil de ejecutar físicamente.

[10]Sanscrito: El Eternamente Joven. Son varios Kumaras de la tradición.

[11] El poder de la atención es insospechado aun hoy por la generalidad de las masas, sin atención, la concentración no puede tener lugar.

[12]Nótese que son 64 llamas, 64 asanas de la tradición, 64 atributos de Krishna.

[13] "No hay peor ciego que el que no quiere ver", refrán español.

[14] Este es un término técnico junto con "Forma" y "Actividad". Otras funciones son: lago (piscina, bañera) y anillo, entre muchas otras para los entendidos.

[15]La verdadera Compasión carece de límites, no está atada a las formas, ni sabe del tiempo, no es concebible ni predecible; cuando decimos es esto o aquello, es solo a mero título enumerativo, sin captar totalmente su esencia infinita.

[16]En lo que a Siete Capas respecta: Madre María, Jesús el Cristo, Sanat Kumara y El Morya.

[17]A nuestros fines son sinónimos: Capa, Manto, Mantilla, Túnica, Paño, Sombra, Sudario, Dosel y Alas.

[18] En este caso en el sentido inverso del sujeto.

[19]En este caso en el sentido inverso de los atributos.

[20]Uno de los puntos esenciales del sistema.

[21] Indígenas deltaicos pre-tucupitenses expertos en la Yuca Amarga, de los cuales tengo 1/8 de ADN.

[22] Sirva la historia de Afrodita y Paris. Perseo recibe entre otros objetos una capa, que le confiere el poder de invisibilidad, con la cual llevará a cabo su misión con astucia y valentia.

[23]Concrecionar: Dar forma en el plano terrenal mediante hechos concretos y tangibles.

[24]A este respecto, recuerdo un examen de Artes Marciales en donde el examinado debía romper siete ladrillos. Ante el expectante silencio de los observadores y con un fulminante golpe técnico, logró romper 6, ¡Oh! Solo seis, cuando debían ser siete. El Shihan tomó el ladrillo restante y lo partió el mismo con determinación, quedando entendido sin necesidad de decirlo, y sin discusión posible, que los siete debían considerarse rotos por el aspirante al nuevo dan.

[25]Los estudiosos del Karma recordarán: Causa-Efecto-Condiciones como una indivisible trinidad.

[26] Existen otras Capas, algunas de las cuales permanecen aún como de uso restringido en este mundo, siendo por tanto de orden Esotérico.

[27] A la fecha de esta edición, los Regentes no han autorizado la puesta por escrito del procedimiento del Pase, no se sabe si sea posible en esta decada.

[28] Sigfrido, el héroe Celta salvó su vida y la del Rey con este atributo.

[29] Sanat Kumara.

[30] Verbo implícito, para quien ha llegado a dicha etapa.

[31] La Invocación es espiritualmente un Derecho inherente a todos los seres vivos. Derecho que, paradójicamente, no parecieran ejercer lo suficiente.

[32] A saber: Fuego Cósmico – Llama – Rayo – Función - Luz – Sonido – Color.

[33] Manto de la Madre Naturaleza.

[34] Las Capas Secretas no están normalmente asequibles por la Gracia sino por la Ley.

[35]Señor del primer Rayo.

[A] https://es.wikipedia.org/wiki/Mahoma#/media/Archivo:Maome.jpg[1]

[B] https://commons.wikimedia.org/wiki/File:Manto_Caridad_Cáceres_Virgen_de_la_Montaña_2.jpg

---

1. https://es.wikipedia.org/wiki/Mahoma#_6666cd76f96956469e7be39d750cc7d9_media_6666cd76f96956469e7be39d750cc7d9_Archivo_853ae90f0351324bd73ea615e6487517_Maome.jpg

Acerca del Autor

Domingo A. Montes G. es natural del Tigre Edo. Anzoátegui, Venezuela, nació sietemesino e iniciando los 70s; el esoterismo sin ISBN y el Bhaktivedanta Raja Yoga, constituyeron junto con "Condorito" y "Mortadelo y Filemón" entre otros, sus lecturas asiduas apenas estuvo en capacidad de leer de corrido. De la mano de Stephen King y James Clavell adquirió la costumbre de leer tamañas obras de corrido.

Desde temprana edad se sintió atraído por las grandes culturas, sus misterios y sus aspectos espirituales y esotéricos, así como por los avances tecnológicos y científicos, los hechos extraños, la vida extraterrestre y las maravillas de la naturaleza.

Gracias al excelente Karma de practicar el Buddha Dharma, bajo las líneas Zen Soto y Vajrayana Karma Kayu, junto al criterio inclusivo de la espiritualidad criolla, sistemas variopintos han fructificado, para el bienestar de todos los seres.

Defensor declarado de la Sabiduría Criolla, la autodeterminación de los grupos humanos, y los siete cueros, expone sin egoísmos ni pretensiones, lo que el Cosmos ha puesto a su alcance.

Habiendo ya investigado, ya practicado, ya conocido diversos y contrastantes caminos espirituales, entre ellos: Catolicismo, espiritismo y sincretismo, Magia Blanca, Magia natural, Gnosis en tres sectas, Elan Vital de Gurú Maharaji, Disciplina Mental/Ocular de E. Clarck, Metafísica, Cienciología, Programación Neurolingüística, Sukyo Mahikari, testigos de Jehová, Sistema Vietnamita de Yoga/Sanación, Seichem Reiki, CHIOS HEALING, Sanación Pránica, Artes Marciales, Shiatsu, Yoga del estado del Sueño, entre otros, construcción antisísmica artesanal, Seichem Reiki Master, ética aplicada.

Ingeniero en Información – UNITEC.

TSU en Ciencias Gerenciales, M. P. y M. – UNITEC.

Técnico autodidacta en electrónica.

Técnico en Electricidad y Electrodomésticos, Modern Schools.

Técnico de 1ra en Rescate C.L.O.E., botón y diploma de honor al mérito en Vargas.

Construcción antisísmica artesanal hasta dos pisos. SENA Colombia.

Talleres de escritura y narrativa.

Cursos de psicopatía criminal.

Cursos de ética aplicada y ética animal.

Fundador de la Escuela de Energía Superior SHIn Tao (SHIn Tao SEICHEM REIKI).

Fundador de la Biblioteca de Temáticas Espirituales "Retazos en Lontananza", actualmente en formato virtual.

Organizador e impulsor de la "Red de Luz", actualmente "Lista De Sanación".

Fundador del Sistema "Cristales Etéricos de Venezuela."

Fundador del Sistema de Sanación Pirámide Dorada.

Concresionador del sistema de Sanación con Péndulo Consagrado: "Nuestro Método".

Fabricante artesanal de Péndulos Consagrados.

Creador del Péndulo de Compresión Astral.

Canalizador de la técnica "Amorosa Secuencia" de la Madre María.

Canalizador de la técnica "Libertad en movimiento".

Canalizador de la técnica "Bendiciones para todos".

Canalizador de la "Meditación en los atributos divinos" del Sr. Krishna.

Concrecionador del sistema: "Superposición éterica arcangélica".

Concrecionador del sistema "El Abrazo Divino".

Concrecionador del sistema "7 Capas".

Concrecionador de "Quántica Intensa".

Autor de Varios Libros, manuales y artículos sobre sanación, espiritualidad y Zen.

Ponente del ciclo de charlas "Apuntes de Sanación Espiritual".

Iniciado metafísicamente en la orden de ASCLEPIO. (1992)

Bendición astral directa de Elegua (1995).

Iniciado en Budismo Tibetano Vajrayana bajo el nombre Felicidad Incambiable (1999).

Gran Invocación a la Noche Cósmica (2000).

Bendición astral directa de Babalu Aye como sanador (2003).

Entrenado como Canalizador, particularmente Arcangélico desde 2005.

Bautizado astralmente por el Venerable José Gregorio Hernández, como Sanador (2007).

Bendición del Santo Espíritu como Sanador (2009).

Fundador y/o Padrino (Aquel que asigna el nombre) de los Grupos de Sanación:

"Jesús de Nazaret"
"Amado Arcángel Cassiel"
"Sanadores Emergentes"
"Amadísimo Arcángel Jophiel"

"Vibra Creciente"
"Gloria Tangible"
"A los pies del Gurú", entre otros.

Próximamente...

El amor que vino de la quinta dimensión.
Pininos del estado del sueño.
Aproximación a la concentración.
El Shiatsu que yo aprendí.
El toque criollo.
Conversaciones con los seres vegetales.
Historia escrita.
Los 40 jinetes de la sanación.

Información de contacto

Correo:

domingo.alberto.montes@gmail.com

Facebook:

https://www.facebook.com/profile.php?id=1081942890

Twitter:

http://twitter.com/EigyoMontes

Sígueme en Instagram:

https://www.instagram.com/eigyo.montes/

Don't miss out!

Visit the website below and you can sign up to receive emails whenever Domingo A. Montes G. publishes a new book. There's no charge and no obligation.

https://books2read.com/r/B-A-AXBOB-WFELD

BOOKS 2 READ

Connecting independent readers to independent writers.

Did you love *Siete Capas*? Then you should read *Sanación Espiritual con Péndulo Consagrado "Nuestro Método", la forma de péndulo más evolucionada*[1] by Domingo A. Montes G.!

[2]

Agradezco a la vida, y a los péndulos que han pasado por mis manos, y a los que han salido de ella.Agradezco a "Nuestro Método" por abrirse al mundo, en una época en que muchas formas de péndulo murieron junto con quienes las dominaban. Trata este libro de muchos tópicos acerca del Péndulo Consagrado, su uso, historia de esta forma o método, tipos y variedades, consagración, cuidado, formulación de preguntas, base para toma de decisiones, precauciones, el estado mental y emocional adecuado, inducción radiónica, trabajo con el Comité de Sanación, el ajuste de cuadro espiritual para "Nuestro Método", estudio detallado de las partes que lo conforman, porque y para que de la

1. https://books2read.com/u/m2B7Y1

2. https://books2read.com/u/m2B7Y1

convención y los movimientos pendulares, se tratan tópicos inexistentes o poco profundizados en otras literaturas, como el nivel de confianza o la percepción cualitativa, el enfoque y profundidad usado difiere de todo lo publicado hasta ahora."Nuestro Método" es una forma de péndulo evolucionada, es autolimpiante, directa, al grano, recorta significativamente los tiempos de las prospecciones y sanaciones, los péndulos consagrados presentan mayor precisión y resistencia a influencias exteriores, los operadores reciben una importante inducción energética y el Comité de Sanación queda incorporado a su Cuadro Espiritual.

Also by Domingo A. Montes G.

Clásicos del Reiki Japonés
Usui Reiki Hikkei, Guía de Reiki de Usui Sensei

Miyamoto Musashi, Obras
Go Rin no Sho - El Libro de los Cinco Anillos

SHInTao Seichem Reiki - El estilo del Dragón de Fuego
SHInTao Seichem Reiki Shoden - Guia del Nivel Uno. El Sendero del Dragón de Fuego.

Standalone
El Amado Arcángel Cassiel, Señor del rayo Oro/Violeta
El Néctar de las Divinas Enseñanzas - Meditación en los Divinos Atributos
Sanación Espiritual con Péndulo Consagrado "Nuestro Método", la forma de péndulo más evolucionada
El sentido De La Vida - En castellano
El Abrazo Divino, el Tetra Yoga de Jesús el Cristo

Siete Capas

101 Preguntas, mitos y errores En la sanación espiritual

Bendiciones Para Todos

Makiwara no Sho

www.ingramcontent.com/pod-product-compliance
Lightning Source LLC
LaVergne TN
LVHW012057160826
845678LV00014B/2861

* 9 7 9 8 2 3 0 2 5 5 9 6 3 *